CATALOGUE

DE

DESSINS ET TABLEAUX

PROVENANT DE LA COLLECTION

DE FEU M. HIPPOLYTE DESTAILLEUR

DESSINS D'ARCHITECTURE ET DE DÉCORATION
VUES DE PARIS ET DES ENVIRONS
DESSINS DE DIFFÉRENTS GENRES

PARIS
DAMASCÈNE MORGAND
LIBRAIRE DE LA SOCIÉTÉ DES BIBLIOPHILES FRANÇOIS
PASSAGE DES PANORAMAS, 55

1896

CATALOGUE

DE

DESSINS ET TABLEAUX

PROVENANT DE LA COLLECTION

DE FEU M. H. DESTAILLEUR

LA VENTE AURA LIEU

Le Mardi 19 mai 1896 et les quatre jours suivants

A DEUX HEURES PRÉCISES

HOTEL DES COMMISSAIRES-PRISEURS

RUE DROUOT, 9

SALLE N° 10 AU PREMIER

Par le ministère de Me MAURICE DELESTRE, commissaire-priseur,

RUE SAINT-GEORGES, 5

Assisté de M. D. MORGAND, libraire,

PASSAGE DES PANORAMAS, 55

———

EXPOSITION PUBLIQUE LE LUNDI 18 MAI

HOTEL DROUOT

DE DEUX HEURES A CINQ HEURES

———

CONDITIONS DE LA VENTE

La vente se fera au comptant.

Les acquéreurs paieront 5 p. 100 en sus des enchères, applicables aux frais.

L'exposition mettant le public à même de se rendre compte de l'état des dessins et tableaux, il ne sera admis aucune réclamation une fois l'adjudication prononcée.

M. D. MORGAND remplira les commissions des personnes qui ne pourraient assister à la vente.

DESSINS

ORIGINAUX

provenant de la collection de

M.H.DESTAILLEUR

———

PARIS

Damascène Morgand

1896

N° 225

CATALOGUE

DE

DESSINS ET TABLEAUX

PROVENANT DE LA COLLECTION

DE FEU M. HIPPOLYTE DESTAILLEUR

————

DESSINS D'ARCHITECTURE ET DE DÉCORATION
VUES DE PARIS ET DES ENVIRONS
DESSINS DE DIFFÉRENTS GENRES

PARIS

DAMASCÈNE MORGAND

LIBRAIRE DE LA SOCIÉTÉ DES BIBLIOPHILES FRANÇOIS

PASSAGE DES PANORAMAS, 55

——

1896

En 1880, l'*Union centrale des Arts décoratifs* organisait au Palais de l'*Industrie* une exposition de dessins de décoration et d'ornement des maîtres anciens. Grâce à l'obligeance de nombreux amateurs et au concours dévoué des organisateurs, cette exposition obtenait le plus vif succès. Le souvenir nous en a été conservé par un catalogue descriptif rédigé par M. Clément de Ris, précédé d'une préface de M. Ph. de Chennevières.

Le catalogue mentionne, avec le plus grand soin, les noms des collectionneurs qui vidèrent leurs portefeuilles pour contribuer à cette manifestation de l'art décoratif; parmi ces noms, ceux qui reviennent le plus souvent, sont ceux de MM. le Duc d'Aumale, Bérard, Lesoufacher, Beurdeley, Guichard, Carré, Spitzer, Galichon, Destailleur, Comte de la Béraudière, etc.

La plupart de ces collections ont été depuis dispersées ou immobilisées, sans contribuer à former de nouvelles collections particulières renommées, beaucoup de dessins ayant été acquis par des musées français et étrangers. La collection de M. Destailleur s'est à peu près seule conservée intacte jusqu'à ce jour. La vente aux enchères des dessins de cet amateur sera une des dernières de ce genre qui se fera en France.

Les amateurs et collectionneurs de modèles d'ornement, de décoration et d'ameublement de tous les styles et de toutes les époques sont tenus de ne pas laisser échapper une occasion qui ne se produira plus de longtemps.

A côté des dessins de décoration, M. Destailleur avait rassemblé une précieuse série de dessins et de tableaux sur Paris et ses environs. Une grande partie de ces dessins a été cédée à la Bibliothèque nationale ; M. Destailleur en avait néanmoins conservé de très importants qui faisaient l'ornement de son cabinet et de ses appartements. Les amateurs parisiens les apprécieront comme il convient.

Parmi les dessins qui ne se rattachent ni à l'histoire de Paris, ni à la décoration, le présent catalogue contient une série unique de dessins des Saint-Aubin, ces maîtres charmants du siècle dernier. Un recueil de dessins de toute cette famille d'artistes (N° 846 du Catalogue) est une des plus exquises reliques du XVIIIᵉ siècle. Pendant toute sa vie, M. Destailleur a conservé intact ce recueil ; il s'est efforcé d'empêcher que ce volume pauvre d'aspect, parfois rempli de dessins enfantins, ne soit brisé Souhaitons que le vœu de l'éminent collectionneur, dont nous mettons en vente les derniers trésors, soit favorablement exaucé.

D. M.

ORDRE DES VACATIONS

——

PREMIÈRE VACATION.

Mardi 19 Mai.

DEUXIÈME VACATION.

Mercredi 20 Mai.

TROISIÈME VACATION.

Jeudi 21 Mai.

QUATRIÈME VACATION.

Vendredi 22 Mai.

CINQUIÈME VACATION.

Samedi 23 Mai.

DESSINS ET TABLEAUX

DE

FEU M. HIPPOLYTE DESTAILLEUR

DESSINS RELATIFS A L'ARCHITECTURE,
A LA DÉCORATION, A L'AMEUBLEMENT, ETC.

ANTOINE (Jacques-Denis).

École française (1733-1801).

1. Projet de palais à deux étages, avec arcades et colonnades bandées. La façade et les combles sont ornés de statues. A la plume avec rehauts d'encre de Chine et de lavis, les personnages à l'aquarelle. Encadré.

   Ce projet paraît avoir été fait pour la transformation du château de Versailles. H. 0.340 L. 1.140.

AUBERT PARENT.

École française (1754-1835).

2. Modèles de serrurerie, portes, grilles, balcons, rampes, etc. Quarante-quatre dessins à la plume et à l'encre de Chine.

BARBET (J.).

École française (XVIIe siècle).

10

3. Cheminée monumentale. Les jambages sont formés de deux femmes debout supportant une guirlande de fleurs. Sur la tablette deux vases ornés et un tableau représentant Minerve environnée d'amours. Ce tableau est compris dans un cadre orné. A la plume et à l'encre de Chine.

> H. 0.280. L. 0.165.

BAZZI (Jean-Antoine), dit Il Sodoma.

École italienne (1477-1549)

6

4. Décoration de plafond. Dans les compartiments de forme ovale ou hexagonale, on remarque l'enlèvement de Ganymède et la chute de Phaëton. En bordure, des caissons avec sujets historiques, séparés par des niches, où sont placés des déesses, les trois Grâces, etc. A la plume avec rehauts de bistre et de blanc.

> De la collection de Sir Joshua REYNOLDS.
> H. 0.300. L. 0.570.

BELLAY.

École française (XVIIIe siècle).

26 f

5. DESSINS D'ÉCRANS A MAIN à la chinoise, panneaux, arabesques, etc. Soixante-quatre dessins à la sanguine, au crayon et à la pierre d'Italie, en un vol. in-4, cart.

> Ces dessins qui rappellent les compositions de *Pillement*, ont été exécutés au milieu du XVIIIe siècle, époque à laquelle *Bellay* exerçait son métier d'ornemaniste à Paris.
> La plupart de ces dessins ont été gravés et publiés par *Huquier*.

BÉRAIN (Jean).

École française (1638-1711).

300

6. TAPISSERIE AUX CHIFFRES DE LOUIS XIV. Au centre, sous un dais de treillage, une femme couronnée, le sceptre à la main, est

assise sur un trône. A ses côtés sont assises deux femmes, l'une turque et l'autre chinoise. A droite et à gauche la Renommée et un prince persan s'apprêtent à gravir les marches du trône. Les arabesques, qui forment la partie supérieure de la composition, sont supportées par des pilastres formés de femmes de diverses nations. A la plume rehaussé à l'encre de Chine.

Ce beau dessin a été gravé par *Bénard*, et publié dans les *Œuvres de Bérain*. H. 0.290. L. 0.425.

7. Panneau en hauteur avec termes, arabesques, dais, etc. Aux armes et chiffre de Louis XIV. A la plume et lavé d'encre de Chine.

H. 0.400. L. 0.140.

8. Angle de plafond. Dans un cartouche rectangulaire soutenu par un masque de femme et entouré de guirlandes de fleurs supportées par des femmes assises, on remarque un satyre et une nymphe. A la plume avec rehauts d'aquarelle.

H. 0.250. L. 0.270.

9. Angle de plafond. Sous un dais supporté par des cariatides, au milieu d'arabesques, une femme tenant un miroir avec cadre de fleurs. A la plume avec rehauts d'aquarelle.

H. 0.270. L. 0.210.

BIBIENA (Joseph Galli, dit).

École italienne (1696-1756).

10. Album de dessins représentant des décorations intérieures de palais, d'églises, de théâtres, de prisons, des plafonds, des vases, des cadres de glace, des cartouches, etc. etc. Environ cent-cinquante dessins à la plume et à la sépia, en un vol. in-4, vélin.

11. Projet de plafond pour Chapelle de communauté de religieuses. Il comprend une colonnade en perspective. Entre les colonnes, diverses scènes se rapportant à l'histoire d'une sainte religieuse. A la plume et à l'encre de Chine.

H. 0.350. L. 0.610.

12. Projet de plafond pour Chapelle avec colonnade en perspective. A la plume rehaussé d'encre de Chine.

> H. 0.300. L. 0.530.

BOFFRAND (Germain).

École française (1667-1754).

13. Cheminée de marbre avec jambages ornés surmontée d'une glace avec cadre en bois sculpté. Les parties de droite et de gauche sont différentes. A la plume avec rehauts d'encre de Chine et d'aquarelle.

> H. 0.360. L. 0.140.
> On y joint un autre dessin à l'aquarelle représentant une cheminée surmontée
> d'un trumeau orné, avec glace et appliques.
> H. 0.340. L. 0.150.

BOQUET (L.).

École française (XVIII° siècle).

14. Projets de salons avec consoles, estrades, galeries, etc. ornés de vases de toutes formes et de manufactures diverses. A la plume et à l'aquarelle. Signé et daté 1755.

> H. 0.430. L. 0.525.

BOUCHARDON (Edme).

École française (1698-1762).

15. Modèle de vase de jardin à deux anses terminées par des têtes de satyres. Sur la panse une scène antique représentant une femme au pied de la statue de Diane, entourée de plusieurs guerriers. A la plume avec rehauts d'encre de Chine.

> H. 0.515. L. 0 335.

16. Partie de plafond, représentant une sphère fleurdelysée soutenue sur des nuages par la Gloire et la Renommée. A la sanguine.

> H. 0.410. L. 0.275.

BOUCHER (François).

École française (1704-1770).

17. Cartouche ovale avec ornements rocaille supporté par six Amours se jouant sur des nuages. Au crayon noir et à la pierre d'Italie. Signé de l'initiale de l'artiste.

H. 0.430. L. 0.560.

18. Tympan formé de deux femmes personnifiant la Renommée et la Vérité assises de chaque côté d'un médaillon circulaire avec portrait d'homme. Le médaillon est surmonté de deux trompettes passées dans une couronne. Au dessous une cassolette d'où s'échappent des parfums. A la plume. Signé et daté 1753.

H. 0.265. L. 0.198.

19. Panneau décoratif, offrant des plantes et des ornements rocaille devant un temple antique. Sur le premier plan, à droite, deux singes. A la pierre d'Italie.

H. 0.490. L. 0.250.

20. Fronton ou dessus de porte où est représentée la Justice assise devant un grand cartouche accompagnée de diverses figures d'hommes, d'amours et de satyres. A la plume, rehaussé d'encre de Chine, sur papier rose.

H. 0.185. L. 0.335.

BOUCHER fils (François).

École française (1740-1781).

21. Alcove décorée et drapée avec lit de face. A droite et à gauche, portes dont le panneau supérieur est orné d'une couronne traversée par des flèches. Au-dessus de chaque porte, un médaillon ovale flanqué de deux amours. A la plume et à l'aquarelle.

H. 0.270. L. 0.405.

22. Deux archivoltes ornés d'attributs militaires. Dans l'une un

cartouche surmonté de la couronne impériale. Deux dessins à la plume et à l'encre de Chine.

H. 0.195. L. 0.320.

23. Fronton de forme triangulaire orné d'attributs commerciaux. A la plume et à l'encre de Chine.

H. 0.195. L. 0.315.

24. Porte lambrissée avec panneau au-dessus orné d'un vase de fleurs. A la plume et à l'encre de Chine.

H. 0.255. L. 0.195.

25. Cadre de glace de forme ovale dans un encadrement rectangulaire, orné de drapeaux, de casques, d'amours, etc. A la plume et à l'encre de Chine.

H. 0.195. L. 0.155.

26. Projet de cartel surmonté d'un buste de femme couronnée de fleurs. A la plume et à l'encre de Chine.

H. 0.345. L. 0.150.

27. Lampe de chœur et encensoir. Deux dessins à la plume et à l'encre de Chine sur la même feuille.

H. 0.190. L. 0.250.

28. Trois chandeliers sur la même feuille. A la plume et à l'encre de Chine.

H. 0.200. L. 0.300.

29. Trois brûle-parfums et fragment de mosaïque. Quatre dessins à la plume et à l'encre de Chine sur la même feuille.

H. 0.200. L. 0.310.

30. Plan et élévation d'un retable d'autel orné de colonnes corinthiennes en plate-bande. — Plan et élévation d'un retable d'autel orné d'une colonne corinthienne. Deux dessins à la plume et à l'encre de Chine sur la même feuille.

H. 0.360. L. 0.225.

BOUCHER (Genre de).

v 6

31. Dessus de portes avec sujets champêtres, pastorales, divertissements, etc. Six dessins à la plume et à la sépia.

H. 0.230. L. 0.300.

BOUCHET (Jules-Frédéric).

École française (1799-1860).

64.

32. Vues de Rome et d'autres villes d'Italie. 1829-1830. Quarante-et-un dessins à la sépia en un vol. in-4, cart.

Très jolie suite de dessins finement exécutés, animés de nombreux personnages. On a ajouté à cet album : 14 dessins de costumes italiens exécutés à l'aquarelle par *Thomas*.

BOUCHET, LABROUSTE, DUBAN.

École française (XIXᵉ siècle).

21/

33. Vues générales et particulières des monuments antiques de Rome, de Pompéï, de Florence, de Sienne, de Vienne en Dauphiné, etc. Cent quatre-vingt-dix dessins en un vol. in-fol., demi-rel. dos et coins de mar. rouge, tête dor., éb.

Superbe recueil contenant de très belles aquarelles de *J. Bouchet, T. Joyau, H. Lebas, Dedreux, Roland, Geslin, Schlick, Questel, Titeux*, etc. Un certain nombre reproduisent les peintures décoratives de Pompéï.

BOULOGNE (Louis).

École française (1609-1674).

92

34. Frontispice allégorique avec portrait de Louis XIV. Le roi est assis au pied de deux colonnes de palmes auxquelles des amours suspendent des attributs guerriers, des trophées, des médaillons allégoriques, etc. Près du roi, le Temps, la Victoire et le Dieu Mars. A la plume et à la sépia avec rehauts de blanc. Signé.

H 0.562. L. 0.420.

BOULLE (André - Charles).

École française (1642-1732).

35. Grande armoire en marqueterie à deux vantaux. Les panneaux sont ornés de deux figures représentant la Sagesse et un Philosophe. A la sanguine.

Le côté gauche du dessin est en partie une contre-épreuve.
Au v° quelques indications sur une fourniture de torchères à faire pour l'antichambre de l'appartement de Monseigneur à Meudon en 1701.
H. 0.390. L. 0.265.

BOYVIN (René).

École française (1540-1598).

36. BARILLET EN IVOIRE ou en argent ciselé. Dans trois compartiments réservés sur une des faces sont représentées diverses scènes de la vie de Bacchus. Ces compartiments sont entourés d'amours, de satyres, de grotesques, etc. A la plume relevé de sépia.

H. 0.135. L. 0.185.

37. BARILLET EN IVOIRE ou en argent ciselé. Dans deux compartiments réservés sur une des faces sont représentés deux épisodes de l'Histoire de Sémélé, mère de Bacchus. Ces compartiments sont entourés de frises, de satyres, d'amours, d'animaux, etc. A la plume relevé de sépia.

H. 0.135. L. 0.185.

BREBIETTE (Pierre).

École française (1596-1660).

38. Frise décorée d'un bas-relief représentant le combat des Centaures et des Lapithes. A la plume lavé de bistre.

H. 0.200. L. 0.265.

BUONACORSI, dit Perino del Vaga.

École italienne (1500-1547).

39. Deux montants d'ornements, dont l'un en partie inachevé,

Nᵒ 37

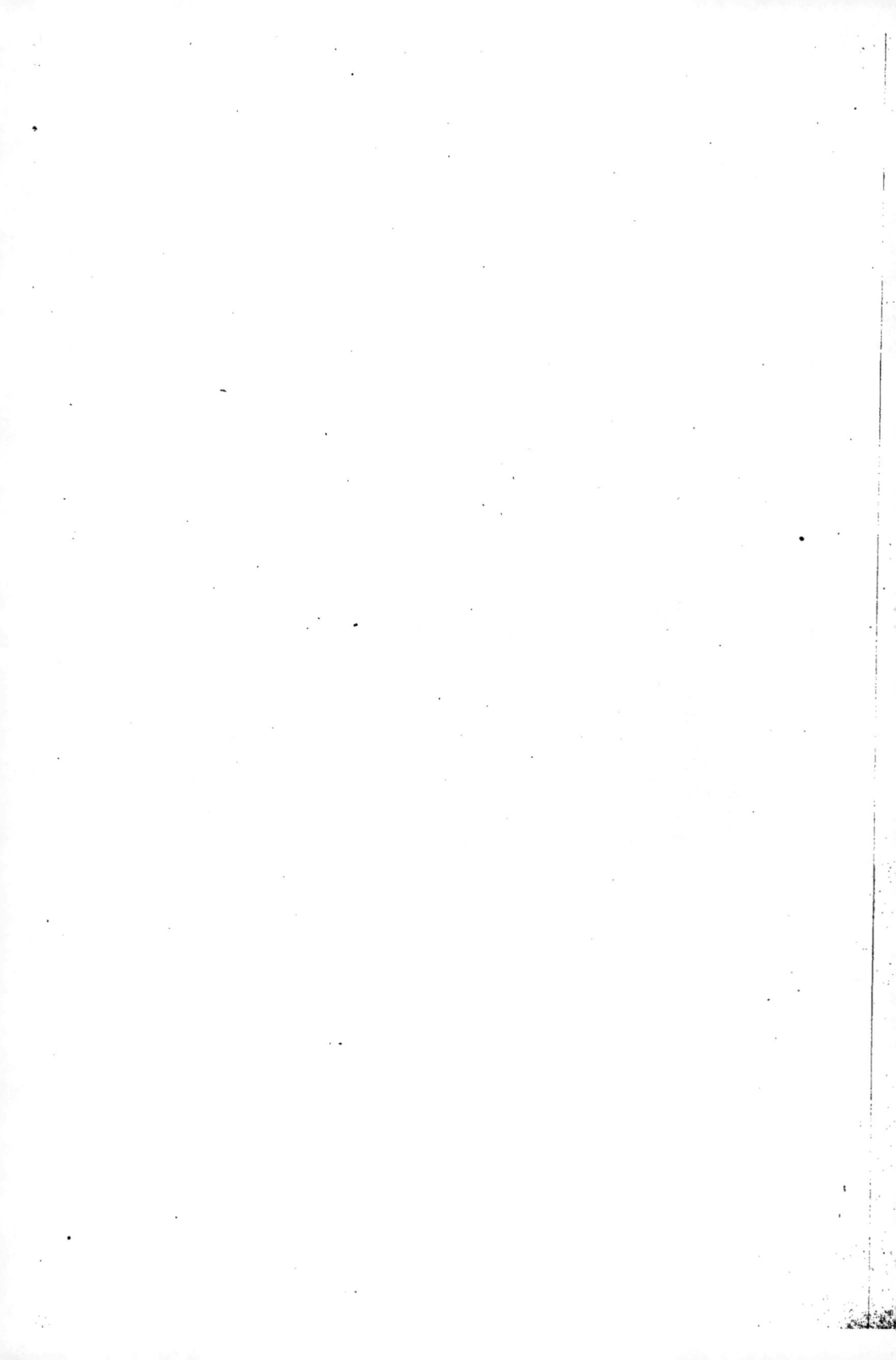

sur la même feuille. L'un de ces montants est composé de trophées d'instruments de musique. A la plume et à la sépia.

H. 0.420. L. 0.165.

BUONAROTTI (d'après Michel-Ange).

École italienne (XVIe siècle).

ω̇ο

40. Une des faces de la chapelle funéraire des Médicis à Florence. Trois dessins à la plume et à la sépia, avec variantes.

H. 0.370. L. 0.260.

CAFFIÉRI (Jean-Jacques).

École française (1725-1792).

100

41. Projets de cadres pour crucifix, ornés de chérubins, de soleils, etc. Deux dessins au crayon noir.

H. 0.255. L. 0.160.

CALDARA, dit Polidoro da Caravaggio.

École italienne (1495-1543).

32

42. Modèle de vase de forme ovoïde. Les anses sont formées par deux Chimères aux ailes desquelles s'agrafe l'anse supérieure. Sur la panse une frise représentant une Bacchanale séparée par deux figures de Bacchant et de Bacchante. A la plume avec rehauts de bistre.

H. 0.565. L. 0.360.

CANOT (Pierre-Charles).

École française (1710-1777).

92

43. Projet de décoration pour une encoignure de plafond. Quatre figures de femmes soutiennent l'entablement du plafond. Au centre la France, terrassant l'Envie, présente un globe fleurdelisé à un guerrier placé entre la Justice et la Paix. Il est

couronné par deux Renommées placées sous une draperie fleurdelisée. A la plume, à la gouache et à l'aquarelle. Signé.

H. 0.450. L. 0.560.

CAUVET (Gilles-Paul).

École française (1731-1788).

44. Panneau rectangulaire en largeur, avec écusson de forme ovale compris dans des palmes de feuillages et des arabesques. A la sanguine. Signé et daté, 4 janvier 1772, à la plume.

H. 0.175. L. 0.335.

45. Panneau en hauteur à double motif symétrique de décoration, composé de deux génies supportant un vase, duquel sortent des arabesques parmi lesquelles se trouve un amour tenant un arc dans la main. A la sanguine.

H. 0.590. L. 0.225.

46. Panneaux en hauteur ornés d'arabesques avec figures de femmes, médaillons, etc. Quatre dessins à la sanguine.

H. 0.375. L. 0.195.

Un des dessins est taché d'encre.

47. Panneau orné de deux figures d'hommes, dont la partie inférieure du corps se termine en arabesques. Ils tiennent entre leurs bras un vase garni de fleurs. A la plume et à la sépia.

H. 0.165. L. 0.175.

48. Montant d'ornements formés d'arabesques qui s'appuient sur deux cornes d'abondance. Dans le haut, sur un baldaquin, trois figures de femmes nues et deux termes de satyres. A la sanguine et au crayon noir.

H. 0.440. L. 0.185.

49. Montants d'ornements, l'un avec médaillon central surmonté de massues, l'autre avec vase allongé surmontant un tambour de basque. Deux dessins à la plume avec rehauts d'encre de Chine.

H. 0.410. L. 0.100.

50. Montants d'ornements, l'un avec vases, soleil entouré de cornes d'abondances, etc. ; l'autre avec médaillon ovale entouré d'arabesques, de branches de feuillages, le tout sortant d'un vase orné d'amours. Deux dessins à la plume et à l'encre de Chine.

H. 0.415. L. 0.130.

51. Moitié d'un montant d'ornement dont le bas est constitué par une figure de femme tenant une lyre. Dans le haut, sur un vase, une femme tenant une guirlande de fleurs. A la plume.

H. 0.450. L. 0.150.

52. Montants d'ornements avec trophées militaires. Deux dessins à la plume et à l'encre de Chine.

H. 0.415. L. 0.130.

53. Trois frises. A la sanguine et à la plume.

1° Frise formée d'oves entourées de feuilles d'acanthes. A la sanguine. Signé et daté 1771. H. 0.140. L. 0.300.

2° Frise formée de feuilles d'acanthes et de canaux entrelacés. A la sanguine. Signé et daté 1772. H. 0.155. L. 0.350.

3° Moitié de frise, avec vasque soutenue par des dauphins, arabesques de feuillages et enfant porté par un dauphin. A la plume sur trait de sanguine. H. 0.060. L. 0.250.

54. Frise ornée de trois médaillons, avec faunes et amours, compris dans des guirlandes de fleurs et de feuillages. A la plume et à l'encre de Chine.

H. 0.130. L. 0.415.

55. Deux frises ornées avec arabesques, amours, animaux, lampadaires, etc. A la sanguine.

H. 0.088 et 0.168. L. 0.365 et 0.340.

56. Salon d'été, supporté par une colonnade avec galerie ornée d'une balustrade. La partie inférieure éclairée par deux fenêtres avec draperies, est meublée d'un poêle avec trophées et de deux statues d'Apollon et de Vénus. Plusieurs portes drapées donnent accès dans la galerie supérieure éclairée par une fenêtre demi-circulaire. A la plume et à l'encre de Chine.

H. 0.250. L. 0 300.

57. Modèle de buire avec panse ornée de sujets bachiques. Elle est entourée de pampres, guirlandes de fleurs et placée sur une tablette sur laquelle reposent des plateaux, des tambours de basque et des fruits. A la plume et à la sépia.

H. 0.210. L.150.

58. Moité de glace et panneau orné d'arabesques. A la plume.

H. 0.345. L. 0.140.

59. Projet de support orné de cornes d'abondances, de tête de Méduse, etc., et panneau en largeur formé d'un vase contenant des fleurs, accoté de deux arabesques. Deux dessins à la plume.

60. Médaillons rectangulaires et de forme ronde ornés de lyres, carquois, boucliers, vases, etc. Cinq dessins à la sanguine.

Contre-épreuves.

61. Vase d'orfèvrerie à long col, orné d'amours au milieu de pampres et d'arabesques. A la plume et à l'aquarelle.

H. 0.240. L. 0.145.

CELLINI (Benvenuto)?

École italienne (1500-1571).

62. Modèles de salières en forme de coquilles, supportées l'une par un triton, l'autre par un dauphin. Deux dessins à la plume et à la sépia.

Des collections de Jonathan RICHARDSON et de lord SPENCER.
H. 0.060. L. 0.110 et 0.130.

63. Aiguière avec anse formée d'un dragon. Le goulot est orné d'une tête de satyre. Sur la panse, des tritons soutiennent un vase décoré de mufles de lions. A la plume avec rehauts d'aquarelle.

H. 0.285. L. 0.120

CHALGRIN (J. F. T.).

École française (1739-1811).

64. Projet de vestibule avec colonnade d'ordre composite. Dans

le fond escalier monumental. Le dessin est animé de plusieurs personnages. A la plume et à l'encre de Chine.

H. 0.275. L. 0.220.

299

65. Arabesques, fontaines, tombeaux, tables, pendules, statues, lampes antiques, etc. Plus de deux cents dessins à la plume avec rehauts d'encre de Chine et de sépia, exécutés sur 120 feuilles reliées en un vol. in-4, vélin vert.

Parmi les arabesques, un certain nombre ont été gravées par *François Boucher fils*.

Plusieurs feuilles contiennent des études pour la Salle de bal, construite par *Chalgrin* à l'occasion du mariage du Dauphin avec Marie-Antoinette, en 1770.

CHAMBERS (William).

École anglaise (1726-1796).

100

66. Album de croquis, mascarons, casques, vases, frises, corniches, etc. Nombreux dessins à la plume et au pinceau avec rehauts d'encre de Chine et de lavis en un vol. in-4 de 26 ff., cuir de Russie, tr. dor.

Cet album fut présenté par son auteur à T. Gainsborough en 1764.

CHAPUY, RAMÉE, MATHIEU, ETC.

École française (XIXᵉ siècle).

140

67. Dessins de monuments de France, d'Allemagne, d'Italie, d'Espagne, etc. Deux cent-dix dessins au crayon, à la plume en 2 vol. in-fol., demi-rel. mar. rouge.

Ces dessins ont été gravés et publiés dans le *Moyen-Age pittoresque* publié par *Hauser*.

CHARMETON (Georges).

École française (1619-1674).

70

68. Montants d'ornements avec figures mythologiques. Deux dessins à la plume et à la sépia.

H. 0.375. L. 0.230.

11 „

69. Deux montants d'ornements avec figures allégoriques sur la même feuille. A la plume et à l'encre de Chine.

H. 0.410. L. 0.235.

1/

70. Deux montants d'ornements avec arabesques et soleil dans le haut, sur la même feuille. Au crayon noir.

H. 0.180. L. 0.440.

71. Montants d'ornements avec figures allégoriques. Quatre dessins à la plume et à l'encre de Chine.

8 1

72. Projet de table console portant parmi les ornements du devant un médaillon avec chiffre du Roi. Les pieds réunis par une traverse, sont ornés de têtes de satyres. A la plume et à l'encre de Chine.

H. 0.225. L. 0.310.

CHOFFARD (Pierre-Philippe).

École française (1729-1809).

2o

73. Frise d'ordre composite ornée de fleurs de lis entourées de branches de lauriers. A la plume et à la sépia.

H. 0.280. L. 0.455.

2/0

74. En-tête aux armes du marquis de Marigny. L'écusson est entouré d'attributs des arts et de guirlandes de fleurs. A la plume et à la sépia. Encadré.

H. 0.053. L. 0.130.

2

75. Trophée formé d'un bouclier avec tête d'Apollon, d'arc et de carquois, supportant deux guirlandes de feuillages. A la plume et à l'encre de Chine sur fond rose.

H. 0.155. L. 0.390.

CLÉRISSEAU (Charles-Louis).

École française (1722-1820).

//

76. Album de croquis faits en Italie, particulièrement à Rome.

Cinquante-deux dessins au crayon noir en un vol. pet. in-fol., demi-rel. vélin.

On a relié en tête du volume deux dessins à l'aquarelle et à l'encre de Chine, fontaine formée d'une colonne antique et détails d'ordre.

CLÈVE (Corneille Van).

École flamande (1645-1732).

23 » 77. Décoration de chapelle ou de sacristie. Entre des colonnes couplées, dont les bases seules sont indiquées, sont des panneaux ornés sur les côtés de figures religieuses et de chérubins dans la partie supérieure. Le soubassement est décoré de bas-reliefs. A la plume.

H. 0.205. L. 0.490.

CLODION (Claude-Michel) ?

École française (1738-1814).

40 78. Frises représentant des Amours jouant à l'arc, aux quilles et au cheval fondu. Trois dessins à la plume, à la sanguine et à la sépia.

H. 0.070. L. 0.290

CONTANT D'IVRY (Pierre).

École française (1698-1777).

130 79. Plan et coupe d'un salon octogonal à élever dans un jardin. La décoration du plafond et de chacune des faces du pavillon est indiquée. A la plume et au lavis d'aquarelle. Signé et daté 1750.

H. 0.445. L. 0.290.

CORNEILLE (Michel).

École française (1642-1708).

30 80. Quart de plafond orné de caissons, portant dans les bordures le chiffre couronné du roi Louis XIV. A la plume et à l'aquarelle.

H. 0.280. L. 0.360.

COTTE (Robert de).

École française (1683 – 1767).

81. Projets de plafonds, avec rosace centrale, compris dans des caissons ornementés. Voussures ornées d'arabesques. Deux dessins à la plume avec rehauts d'encre de Chine et de blanc sur papier bleuté.

H. 0.230. L. 0.295.

COUSIN (Jehan).

École française (1500-1589).

82. La mort de la Vierge. Projet de vitrail en trois parties. A la plume avec rehauts de sépia et de lavis. Signé. Encadré.

H. 0.270. L. 0.210.

COYSEVOX (Antoine).

École français (1640-1720).

83. Tombeau de Marie Le Camus placé dans une niche cintrée. Sur le tombeau, Marie Le Camus est étendue. A droite et à gauche du tombeau, deux statues, dont celle de Nicolas Le Camus. A la plume avec rehauts d'encre de Chine.

H. 0.450. L. 0.280.

CUVILLIÉS (François de).

École française (1698-1768).

84. Décoration d'un salon dans un pavillon de chasse. Les porte, fenêtre, panneau, cheminée avec glace, sont dans des arcades cintrées par le haut, et portant comme agrafes des têtes de cerfs, de loups, etc. Le plafond est orné de groupes d'amours dans la corniche. A la plume et à l'aquarelle.

A. 0.255. L. 0.480.

85. Glace, avec cadre en bois sculpté, placée dans une niche. Le fronton est orné d'une tête de femme entre deux jeunes

tritons. Sur les côtés de la glace deux appliques à trois
lumières formées de branches de feuillages et d'amours. A la
plume avec rehauts d'encre de Chine.

H. 0.220. L. 0.130.

86. Console genre rocaille à quatre supports; le milieu est
occupé par une tète de Chinois reliée à la tablette par des
guirlandes garnies de sonnettes. A l'encre rouge.

H. 0.270. L. 0.450.
Au verso, des feuilles d'acanthes, dessin à la sanguine.

CUVILLIÉS (Genre de).

87. Panneaux avec cartouches genre rocaille accompagnés
d'amours et d'animaux. Quatre dessins à la plume, lavés
d'encre de Chine.

H. 0.375. L. 0.280.

88. Cartouches en hauteur, avec encadrements genre rocaille.
Quatre dessins à la sanguine.

H. 0.265. L. 0.210.

89. Modèles de cadres de glace, commodes, pieds de table,
soupière, etc. Neuf dessins à la sanguine.

CUVILLIÉS (Fils).

École française (1734-1805)

90. Projets d'église, de maison particulière, de moulin, etc.
Plans, coupes, élévations. Seize dessins à la plume, au crayon
et au lavis.

DELAFOSSE (Jean-Charles).

École française (1734-1789).

91. Projet de façade monumentale pour un édifice militaire.
La porte, comprise entre des canons accolés, placés debout,
est surmontée d'un dôme arrondi. Devant ce dôme un fron-

2

ton, avec sujet militaire, compris entre des faisceaux de drapeaux et des mortiers. A droite et à gauche de la porte, trois fenêtres accolées surmontées de trophées militaires. A la plume et à l'encre de Chine. Signé.

H. 0.260. L. 0.390.

20

92. Frontispice pour l'Iconologie représentant un monument commémoratif en l'honneur de militaires. Le fronton orné de palmes est supporté par des pièces d'artillerie et des projectiles. La base est ornée sur chaque face de panneaux avec trophées militaires. A la plume et à l'encre de Chine.

A été gravé.
H. 0.340. L. 0.200.

50

93. Moitié d'un grand panneau décoratif portant au centre une nymphe étendue dans une coquille. Cette coquille est supportée par trois dauphins réunis dans une vasque. A la plume et au crayon noir, avec rehauts d'encre de Chine.

H. 1.000. L. 1.400.

400

94. Modèle d'angle de plafond, avec médaillon orné de tête de femme, vase à encens, arabesques, etc. A la plume et à l'encre de Chine. Signé.

H. 0.320. L. 0.480.

20

95. Modèle de porte monumentale. Le fronton avec médaillon décoré de la tête de Minerve, est supporté par deux femmes debout sur des piédestaux. Les deux vantaux de la porte sont ornés de panneaux garnis de branches de lauriers et de poignées formées de têtes de lions. A la plume et à l'encre de Chine.

A été gravé dans l'*Iconologie*.
H. 0.360. L. 0.245.

5

96. Dessus de porte formé d'un panier de fruits entouré par des draperies tenues par des aigles. A la plume et à la sépia.

H. 0.135. L. 0.270.

160

97. Projet de cheminée monumentale. La tablette est ornée d'un grand médaillon accoté de deux casques et portant une

figure de femme. Au dessus de ce médaillon un tableau militaire. A droite et à gauche de la cheminée deux urnes
drapées contenues dans des niches surmontées de panneaux
en relief et d'une corniche avec rosaces. A la plume et à
l'encre de Chine.

H. 0.395. L. 0.290.

98. Moitié d'une cheminée dont les jambages sont ornés d'une
chimère ailée. La tablette supporte une glace avec fronton.
A droite une torchère à trois branches et une niche surmontée
d'un haut-relief. A la plume et à l'encre de Chine. Signé.

H. 0.460. L. 0.150.

99. Moitié d'une frise formée de feuillages enroulés. Au centre
dans un médaillon circulaire une tête de profil. A la plume
et à l'encre de Chine.

A. 0.145. L. 0.365.

100. Deux chapiteaux et un fronton avec trophée. Trois dessins
à la plume et à l'encre de Chine sur la même feuille.

H. 0.185. L. 0.295.

101. Cartouche avec attributs de chasse et de pêche. A la plume
et à l'encre de Chine.

H. 0.205. L. 0.300.

102. Projet de lit garni avec baldaquin et miroir. Le dossier en
bois sculpté est orné de colombes et de carquois. A la plume
et à l'aquarelle.

H. 0.330. L. 0.210.

103. GRAND CANAPÉ, surmonté d'une glace ornée avec baldaquin.
Le dossier du canapé porte au milieu un aigle à deux têtes
et le fronton du miroir renferme un chiffre formé des lettres
S. R., ce qui permet de supposer que ce meuble était destiné
au roi Stanislas de Pologne. A la plume et à l'aquarelle.

H. 0.405. L. 0.310.

104. Modèles de deux fauteuils en bois sculpté et d'un canapé
en tapisserie. Trois dessins à la plume, à l'encre de Chine et
à l'aquarelle.

105. Projet de lampe de chœur. A la plume et à l'encre de Chine. Signé.

H. 0.305. L. 0.218.

106. Girandole avec plateau supporté par un chapiteau formé de feuilles d'acanthes. A la plume et à l'encre de Chine.

H. 0.295. L. 0.100.

107. Projets de torchères aux armes et chiffres du roi. Trois dessins à la plume et à l'encre de Chine sur la même feuille.

H. 0.240. L. 0.320.

108. GRAND ET BEAU CHANDELIER dont la bobèche est supportée par un faune et une faunesse assis sur un piédestal orné d'un masque. La base est formée de volutes garnies de têtes de femmes reliées par des bandes de feuillages. A la plume et à la sépia.

H. 0.400. L. 0.240.

109. Modèles de chandeliers ornés de feuilles d'acanthes et de feuilles de laurier. Deux dessins à la plume et à l'encre de Chine. Signés des initiales de l'artiste.

H. 0.300. L. 0.095.

110. Projet de chaire à prêcher, placée devant une niche, sous une arcade à caisson supportée par deux colonnes cannelées d'ordre ionique. La chaire avec balustrade est supportée par quatre volutes; elle est surmontée d'un abat-voix avec croix rayonnante, vases à encens, etc. A la plume et à l'encre de Chine.

H. 0.330. L. 0.310.

111. Buffets d'orgues ornés de groupes d'amours, de trophées d'instruments de musique, etc. Deux dessins à la plume avec lavis de sépia.

H. 0.480. L. 0.315.

112. Projet d'encensoir. Les Chaînes sont attachées à des volutes qui se prolongent en forme de serpents s'enroulant autour de rosaces et forment la base de l'encensoir. A la plume et à la sépia. Signé.

H. 0.285. L. 0 145.

113.

Nᵒ 108

113. Brûle-parfums formé de trois cassolettes, une grande et deux petites, réunies par des consoles garnies de feuillages. A la plume et à l'encre de Chine. Signé.

H. 0.265. L. 0.425.

114. Modèle de brûle-parfums en forme de trépied. Le corps est orné d'une frise avec figures de femmes et des guirlandes de roses suspendues à des anneaux. La tige centrale est entourée d'un serpent. A la plume et à l'encre de Chine. Signé des initiales de l'artiste.

H. 0.250. L. 0.090.

115. Vase de forme circulaire. Le couvercle surmonté d'une boule est orné de cannelures et d'entrelacs. La panse droite est unie. Le pied est orné de cannelures, de feuilles d'acanthes et de branches de fleurs. Signé des initiales de l'artiste.

H. 0.245. L. 0.185.

116. Modèle de vase antique orné de guirlandes et de têtes de bélier desséchées. A la plume signé.

H. 0.295. L. 0.210.

On y joint un dessin à l'aquarelle du même artiste, représentant une quinzaine de vases antiques jetés pêle-mêle dans un jardin.

H. 0.360. L. 0.280.

117. Angle et fragment de bordure d'un cadre exécuté pour le Dauphin. A la plume et à l'encre de Chine.

H. 0.230. L. 0.265.

118. Partie supérieure d'un cadre de miroir rectangulaire ; le fronton est orné d'un casque avec plumes placé au milieu d'un faisceau de drapeaux, hache d'armes, sceptre, etc. A la plume et à l'encre de Chine.

H. 0.190. L. 0.340.

119. Élévation principale et latérale d'un catafalque funèbre en l'honneur de Louis XV. Deux dessins à la plume et à l'encre de Chine.

H. 0.420. L. 0.255.

DELAFOSSE (Genre de).

26

120. Trophée d'armes, d'armures et de drapeaux. Peinture à l'huile à fond d'or sur papier.

H. 0.390. L. 0.280.

DELAUNE (Etienne).

École française (1519-1583).

221

121. Modèle de Coupe avec couvercle. La base est formée d'un cartouche accoté de deux amours debout sur une plate-forme ornée d'arabesques. La coupe et son couvercle sont ornés d'arabesques. Le couvercle est surmonté d'un amour tenant un cartouche. A la plume avec rehauts d'encre de Chine, sur vélin.

H. 0.170. L. 0.115.

DERAND (Le Père François).

École française (1588-1644).

80

122. Détails d'ordre, modèles de portes monumentales, fenêtres, cheminées, façades d'églises, autels, tombeaux, etc. En un vol. in-fol., veau marbré.

Ce volume comprend 67 feuillets sur lesquels 59 sont couverts de dessins à la plume et au crayon noir, ils ont été exécutés par l'architecte jésuite, de 1613 à 1616.

La série des cheminées qui comprend 22 modèles différents est des plus intéressantes.

DESRAIS (Claude-Louis).

École française (1746-1816).

241

123. Panneaux en hauteur. Dans l'un on remarque sur une sorte de support aux armes royales la Renommée couronnant le buste de Necker ; dans l'autre la Fortune distribuant ses dons. Deux dessins à la plume et à la sépia.

Ont été gravés.
H. 0.505. L. 0.100.

DIETTERLIN (Wendel).

École allemande (1550-1599).

420

124. Décoration d'une façade de palais à deux étages, éclairés
par des fenêtres géminées, séparées par des colonnes et des
pilastres. Entre les étages une frise peinte représentant d'un
côté la Fortune, de l'autre la Prudence et le Commerce. Deux
dessins à la plume, avec rehauts d'aquarelle et de gouache.

H. 0.260. L. 0.290.

DIVERS.

200

125. Nombreuses vues de Rome, de ses environs et de quelques
villes d'Italie. Quatre-vingt dessins au crayon, à la plume et
à l'aquarelle.

Beaucoup de ces dessins sont l'œuvre d'artistes des seizième et dix-septième
siècles. On y voit aussi des dessins faits au siècle dernier par *Pérignon,
Lallemand*, etc. Intéressante collection.

40

126. Paysages et vues de villes par divers artistes des dix-
septième et dix-huitième siècles. Cinquante dessins.

Dessins de *Flamen, Schor, Brill, S. Le Clerc, Swanevelt, Pérignon,
Echard*, etc.

13

127. Vues de Rome, de Paris, paysages, scènes diverses, etc.
Trente-quatre dessins à l'aquarelle, à la plume, à la sépia et
au crayon, par Toussaint, Bernier, Goblin, Provost et autres
artistes du commencement du siècle, en un vol. in-4, cart.

128. Vues de villes avec monuments antiques, de ruines, etc.
Huit dessins à la plume et à l'aquarelle.

Parmi ces dessins se trouvent plusieurs vues de Rome.

129. Détails intérieurs et extérieurs d'édifices civils et religieux.
Quarante-six dessins à la plume, au crayon et au lavis en un
vol. pet. in-fol., demi-rel.

Ces dessins sont en partie l'œuvre de *Viollet-Le-Duc* et de ses élèves; un
certain nombre d'entre eux portent l'approbation de cet architecte.

130. Coupes et vues intérieures d'églises. Quatre dessins à la
plume et à l'aquarelle.

131. Vues extérieures et intérieures de diverses églises. Dix dessins à la plume et à l'aquarelle.

Eglise de Chartres. Eglise des Oratoriens de Paris, etc.

132. Décorations de chapelles. Fragments d'intérieurs d'églises. Huit dessins au crayon, à la plume et rehaussés.

133. Décorations extérieures de maisons, façades, porches, colonnades, balcons, etc. Seize dessins à la plume, avec rehauts de sépia ou d'aquarelle.

Ce lot est composé en grande partie de dessins d'artistes italiens des seizième et dix-septième siècles.

134. Motifs de décoration, moulures, chapiteaux, agrafes, dessus de portes, etc. Douze dessins à la plume et rehaussés par Delafosse, Toro, Oppenord, etc.

135. Motifs de décoration, frises, consoles, chapiteaux antiques, etc. Dix-sept dessins au crayon, à la plume rehaussés et à la sanguine.

136. Modèles de portes monumentales. Six dessins à la plume et rehaussés.

L'un des dessins est attribué à Bérain*, un autre à* Baptista de Beryame*, un troisième à* Vredeman de Vriese*, etc.*

137. Modèles de fenêtres. Cinq dessins à la plume rehaussés et au crayon rouge.

Deux feuilles avec dessins au r° *et au* v° *sont l'œuvre d'un artiste de l'école de* Dietterlin*, deux autres sont l'œuvre de* Taraval.

138. Modèles pour vitraux. Sept dessins des XVIe et XVIIe siècles à la plume et rehaussés.

Jésus-Christ prêchant, école française. Jeune homme et jeune femme, dessin d'un artiste suisse, daté de 1532.

139. Modèles de cheminées ornées et de dessus de cheminées. Cinq dessins à la plume et au crayon rouge.

140. Frises d'après l'antique. Sept dessins à la sépia et à la sanguine.

Ces dessins ont été exécutés par divers artistes du siècle dernier.

141. Modèles de frises par divers artistes. Cinq dessins.

23 „   142. Décorations de jardins. Plans, grottes rustiques, fontaines, etc. Seize dessins à la plume rehaussés et au crayon rouge.

99   143. RECUEIL DE DESSINS DE DIFFÉRENTS GENRES et de différentes époques reproduisant principalement des sculptures et antiquités romaines. En un vol. in-fol.. vélin.

> Ce recueil qui provient du peintre *Pierre Guérin* contient environ 330 dessins exécutés à l'aide de procédés divers. Outre ceux qui reproduisent les bas-reliefs, sculptures, fontaines, et autres monuments antiques, on y trouve un certain nombre de dessins d'artistes du siècle dernier représentant des vases, panneaux, frises, plafonds et sujets divers.
> Les premières feuilles sont occupées par divers dessins italiens du XVI° siècle.
> De *Guérin*, ce volume renferme deux dessins pour ses tableaux de Pâris et Hélène et de Phèdre.

36   144. Reproductions de bas-reliefs, peintures, statues antiques tirés de palais et collections célèbres en Italie et en Sicile. Cent quatre-vingt-douze dessins à l'aquarelle et au crayon noir exécutés par divers artistes italiens du XIX° siècle. En un vol. in-fol., demi-rel. mar. vert.

> Parmi ces dessins nous relevons ceux signés *C. Rospi* et *F. Inghirami*.
> Ce recueil provient de RAOUL ROCHETTE et les dessins qu'il renferme ont été publiés par lui dans les *Monuments inédits d'antiquité figurée, grecque, étrusque et romaine*.

3 „   145. Modèles de sculptures anciennes et modernes. Huit dessins au crayon, à la plume et à la sépia.

> Bas-relief de *Pradier* représentant l'Amnistie.   -

3 6   146. Armoires et supports d'armoiries. Huit pièces.

> Frise avec armoiries de Louis XIV par *S. Le Clerc*. — Armoiries avec divers attributs de chasse et de musique, par *Monsiau?* — Écu porté par deux aigles accompagné d'attributs guerriers, etc.

1/1   147. RECUEIL DE DESSINS D'ORNEMENT, de décoration et d'ameublement exécutés par des artistes français, italiens et allemands des seizième, dix-septième et dix-huitième siècles. En un vol. pet. in-fol., veau marbré, fil., tr. rouge.

> Le volume comprend 85 dessins dont 50 sont dus à des artistes français (7 du XVII° siècle, 43 du XVIII°), 29 à des artistes italiens et 6 à des artistes allemands. On y trouve entre autres une intéressante série de vases par *Boucher*, *Saly*, *Oppenord*, une série de trophées et arabesques par *Cauvet*, *Blondel* et *Desrais*, un joli dessin de *Fr. Boucher fils*, représentant une pendule.

Parmi les dessins d'artistes allemands citons en trois avec alphabets ornés, cartouches et frises. Ces dessins sont accompagnés des gravures.

148. RECUEIL DE DESSINS D'ORNEMENT, d'ameublement et de décoration, d'artistes français, italiens, allemands des dix-septième et dix-huitième siècles. En un vol. pet. in-fol., veau marbré, fil., tr. rouge.

Ce volume comprend 72 dessins exécutés de manières diverses. Sur ces dessins, 9 sont l'œuvre d'artistes français du XVII⁰ siècle, 33 d'artistes français du XVIII⁰ siècle, 25 dessins sont l'œuvre d'artistes italiens et 5 d'artistes allemands.

Ces dessins représentent des motifs de décorations intérieures, panneaux, arabesques, des meubles, des vases, des cartouches et cadres, des frises, etc. Nous citerons : 3 dessins de *Charmeton*, modèles de corniches ; 2 dessins de *Delafosse*, frontons ; 3 dessins de *Lalonde*, tables ; 1 dessin de *Cochois*, foyer de théâtre ; 1 dessin de *Cauvet* et 6 dessins de cartouches par *Prieur*.

Mentionnons aussi 3 dessins de l'école italienne représentant un Drageoir et un Reliquaire et un dessin de l'école allemande : Intérieur de salle à manger.

149. Retables d'autels. Neuf dessins à la plume, à la sépia et à l'aquarelle.

150. Objets divers servant au culte, meubles d'église, chaires, lutrins, chandeliers, etc. Vingt-et-un dessins au crayon, à la plume et à l'aquarelle.

Parmi ces dessins, on en remarque un représentant un reliquaire d'après A. *Durer*.

151. Vases ornés dessinés par des artistes français et italiens. Quarante-sept dessins à la plume et à l'aquarelle en un vol. in-fol., veau.

Le volume contient une suite de 36 vases dus à des artistes italiens du XVI⁰ siècle et 11 dessins dus à des artistes français du XVIII⁰ siècle dont 3 par *Huet*.

DUBOIS père (Étienne).

École française (XVIII⁰ *siècle*).

152. Face d'un des salons du prince de Hesse, ornée dans le milieu d'une glace rectangulaire, accompagnée de deux montants avec arabesques et camées, et de deux panneaux en peinture ou en tapisserie avec sujets mythologiques. Grand canapé en tapisserie avec bras formés de sphinx. A la plume et à l'aquarelle.

H. 0. 190. L. 0. 265.

22 „

153. Décoration de boudoir. Les murs peints à fresque sont ornés de médaillons avec sujets érotiques reliés par des guirlandes de fleurs. Dans un angle un trépied supporte une torchère. A l'aquarelle.

H. 0. 170. L. 0. 320.

28

154. Décorations de salons et de chapelle, avec peinture et tapisserie. Trois dessins à l'aquarelle.

On y joint un dessin à l'aquarelle de *Percier* : Décoration de galerie voûtée avec bataille peinte sur un panneau.

DU CERCEAU (Jacques Androuet, dit).

École française (1512-1592 ?)

3100

155. RECUEIL DE DESSINS DE J. A. DU CERCEAU. *S. l. n. d.*, in-fol., mar. brun, bandes de feuillages encadrant les plats, milieux de feuillages et semis de fleurs de lis, tr. dor. (*Rel. anc.*)

Précieux recueil de dessins originaux exécutés à la plume et lavés à l'encre de Chine sur VÉLIN.

Le volume se compose de 35 feuillets (le dernier blanc) numérotés anciennement de I à XXXVI, le f. coté 20 ayant été omis ou enlevé avant la reliure.

Les dessins exécutés d'un seul côté de la feuille sont au nombre de 28 ; les 22 premiers occupant une seule feuille, les 6 derniers de plus grande dimension occupant deux feuilles.

Ces dessins représentent des façades et intérieurs de temples et monuments antiques, des arcs de triomphe, des cheminées, des détails d'ordre, etc.

Une nomenclature détaillée de ces dessins a été donnée par M. H. de Geymüller dans son ouvrage sur les *Du Cerceau.*

M. de Geymüller a décrit 13 recueils de dessins de *Du Cerceau* qu'il désigne par les lettres A — N. Celui-ci, qui porte la lettre B dans cette nomenclature, est un des plus anciens ouvrages de l'artiste. Il est remarquable pour la finesse et la qualité des dessins.

Parmi les monuments célèbres reproduits par *Du Cerceau* citons : Le tombeau de Saint-Remy en Provence ; les Arcs de Ravenne et de Titus ; le Panthéon ; le Colisée, et un superbe dessin représentant le Palais des Tutelles à Bordeaux. Quelques-uns de ces originaux ont été gravés par *Du Cerceau* ou ses élèves.

La reliure qui recouvre ce volume est également intéressante ; elle a été exécutée vers la fin du XVIe siècle, probablement sous le règne de Henri IV et peut-être pour ce souverain. La présence des fleurs de lis répétées dans les ornements, sur le dos et sur les plats prouve que ce volume a appartenu à un prince de la maison de France. A cause de quatre marguerites dorées dans les angles, M. de Geymüller supposait que ce volume avait pu appartenir à **Marguerite de Valois ?**

210

156. Recueil de dessins de J. A. Du Cerceau représentant

les détails des différents ordres. *S. l. n. d.* En un vol.
pet. in-fol., mar. brun, fil., tr. dor.

Suite de 16 feuilles de papier avec 38 dessins de chapiteaux, entablements,
bases, corniches, etc., exécutés au trait à la plume et lavés d'encre de Chine.
Décrit par M. de Geymüller, *Les Du Cerceau* (Recueil C).

2o/o †

157. RECUEIL DE DESSINS DE J. A. DU CERCEAU représentant
d'anciens édifices particulièrement de la ville de Rome.
S. l. n. d., in-fol., veau, double fil., milieux, tr. dor. (*Rel.
anc.*)

Précieuse suite de 18 dessins très remarquablement exécutés à la plume. Ces
dessins représentent : Le Palais de Janus ; le Temple des Dieux pénates ; les
Halles antiques de Vienne ; l'Arc de Ravenne ; le Temple de Bacchus ; la Char-
treuse de Paris ; le Palais de Vérone ; le Portique du Temple de Jupiter ; le
Temple de Jupiter ; le Temple de la Liberté ; le Temple de Faustine ; le
Temple de Diakolis ; le Temple d'Antoni ; Saint-Pierre in Moncitorio ; les Arcs
antiques de Langres ; le Pont du Gard ; une galerie et un puits dans le style du
XVI° siècle.
Ce très beau volume décrit par M. de Geymüller, *Les Du Cerceau* (Recueil E)
provient de la bibliothèque du comte de JERSEY.

7000 †

158. RECUEIL DE DESSINS DE J. A. DU CERCEAU.
S. l. n. d., in-4 obl., mar. bleu, fil. en losange, gardes de
tabis, tr. dor. (*Rel. anc.*)

Magnifique recueil de 55 dessins exécutés sur 60 feuilles de VÉLIN (5 dessins
occupant 2 feuilles). Ces dessins sont exécutés avec le plus grand soin, au tire-
ligne et au compas, et lavés à l'encre de Chine. Comme l'écrit M. de Geymüller,
qui cite ce recueil sous la lettre H « la beauté du vélin semble avoir poussé
Du Cerceau à déployer toute son habileté d'exécution dans le modelé des sur-
faces et à rendre, de la sorte, ce recueil l'un des plus remarquables de tous. »
Les dessins sont très variés et représentent soit des édifices et palais antiques
imaginés par *Du Cerceau*, soit des reconstitutions ou des représentations de
monuments antiques, château de Dijon ; les Halles de Vienne ; les Temples de
la Paix, de Septime, de Mercure, de Cérès, de Janus, de Vespasien, etc. ; le
Prétoire des Tribunes de Rome ; le Pont du Gard ; une vue du Château de
Chambord, puis des modèles de portes, fontaines, puits, lucarnes, cheminées,
plafonds, tombeaux (dont la sépulture de Saint-Thomas aux Indes), etc. etc.
Chaque dessin porte une inscription autographe de *Du Cerceau*.
La variété des dessins contenus dans ce recueil fait supposer à M. de
Geymüller que ce volume « était destiné à quelque personnage de distinction et
devait lui donner une idée de la physionomie qu'imprimerait l'architecture
antique aux différentes espèces de bâtiments et à quelques-uns de leurs princi-
paux détails. »
Ce volume provient des bibliothèques de M. W. BECKFORD et du duc de
HAMILTON.

2/0 "

159. LE CHATEAU DE VERNEUIL. Vue perspective. Dessin à la
plume avec rehauts d'encre de Chine et d'aquarelle.

H. 0.435. L. 0.550.

N° 158

Ce très beau dessin qui présente de nombreuses variantes avec celui gravé dans le recueil des *Plus excellents bâtiments de France*, a été reproduit dans *Les Du Cerceau*, par M. de Geymüller.

160. Fonds baptismaux avec couvercle en forme de dais à deux étages en retraite. — Modèle de coupe avec son couvercle. Deux dessins à la plume et à l'encre de Chine sur la même feuille de vélin.

H. 0.235. L. 0.180.

161. Coupe avec ramures et feuilles d'acanthes et son couvercle. A la plume et à l'encre de Chine.

H. 0.300. L. 0.120.

162. Hanap ou Coupe à la mode d'Allemagne avec couvercle. Le pied est orné de trois dauphins et surmonté d'une boule avec têtes d'hommes en saillie. A la plume et à l'encre de Chine sur vélin.

H. 0.250. L. 0.140.

163. Vases ornés avec anses. Trois dessins à la plume avec rehauts d'encre de Chine.

H. 0.300 à 0.360. L. 0.160.

DUGOURC (Jean-Denis).

École française (1760-18..)

164. Modèle de porte-fenêtre cintrée avec draperie. On aperçoit une partie de la boiserie à droite et à gauche et de la corniche. A la plume et à l'aquarelle. Signé.

H. 0.410. L. 0.215.

165. Partie supérieure d'un cadre avec fronton formé d'un écusson aux armes royales entouré de lis et de guirlandes de fleurs. A la sépia. Signé.

H. 0.370. L. 0.530.

166. Grand lit de parade avec rideaux et baldaquin, dans une alcove avec rideaux drapés. A droite et à gauche, deux portes avec dessus. A la plume et à l'aquarelle.

H. 0.295. L. 0.350.

DUMONT (Jacques) dit le Romain.

École française (1701-1781).

/ ᵃ   167. Monument antique composé d'une colonne funéraire, avec haut-relief représentant un sacrifice, placée au centre d'une urne garnie d'anneaux. A la sanguine.

H. 0.355. L. 0.245.

ÉCOLE ALLEMANDE.

(Commencement du XVIᵉ siècle).

230   168. Croix en métal formée à l'aide des branches d'un lis, garni de fleurs et de feuilles. Le Christ est placé à l'intersection de trois branches. Sur deux autres tiges, se terminant par des fleurs, sont placés la Vierge et St-Jean. Le lis est placé dans un vase à deux anses et à panse renflée, porté par un pied orné des attributs des évangélistes. Ce vase est cerclé d'une bande d'émaux où sont représentées diverses allégories religieuses. A la plume.

H. 0.515. L. 0.195.

ÉCOLE ALLEMANDE.

(XVIᵉ siècle).

110   169. Ciboire avec couvercle, orné d'oves en relief et d'arabesques. A la plume avec rehauts d'or et de sépia.

H. 0.280. L. 0.105.

26/   170. Modèle de hanap à couvercle, décoré de têtes de béliers, de satyres, au milieu d'arabesques. Le couvercle est surmonté d'un satyre tenant un trident. A la plume avec rehauts d'encre de Chine.

H. 0.280. L. 0.125.

10   171. Modèles de sièges et de tabourets en bois sculpté. Vingt-et-un dessins à la plume au recto et au verso de la même feuille.

H. 0.295. L. 0.385.

N° 174

172. Retable d'autel en forme de portique. La base est divisée en trois compartiments où sont représentées l'Annonciation, la Nativité et l'Adoration des mages. La partie supérieure, formée de colonnettes se terminant par des clochetons, est accompagnée de trois statuettes du Christ, de la Vierge et de St-Jean. A la plume.

Ce dessin a été attribué à *Martin Schoën*.
H. 0.690. L. 0.255.

173. Retable d'autel formé de trois arcades superposées supportées par des colonnes de diverses formes. Sous l'arcade supérieure, le Christ debout entre deux anges porteurs de torchères. Dans l'arcade du milieu, le Christ en croix entouré de rois de nations diverses. A la plume. Signé des initiales Z.S.

H. 0.655. L. 0.280.

ÉCOLE ALLEMANDE.

(*Fin du XVIe siècle*).

174. SURTOUT DE TABLE en forme de coffret circulaire porté sur quatre sphinx accroupis, tenant devant eux des vasques destinées à contenir des épices. Le couvercle représente la mer avec des tritons, des dauphins, des rochers et au milieu un grand bas-relief, le *Triomphe de Neptune*. Le pourtour du coffret est orné de médaillons avec sujets mythologiques. A la plume et à l'encre de Chine.

H. 0.320. L. 0.330.

175. Modèles de hanaps et verres à boire posés sur une tablette. Ils sont accompagnés d'un brûle-parfums avec couvercle et de deux petites statuettes. A la plume et à l'aquarelle.

H. 0.175. L. 0.355.

ÉCOLE ALLEMANDE.

(*XVIIe siècle*)

176. Calices ciselés et émaillés. Deux dessins à la plume et à la sépia, avec rehauts d'aquarelle.

H. 0.360. L. 0.220.

177. Coupe à deux anses, avec pied orné de pierreries, vue sur deux faces. Chacune des faces porte de singuliers motifs emblématiques, sphinx, béliers, vases ornés, masques, têtes de satyres. Deux dessins à la plume et à l'encre de Chine.

H. 0.285. L. 0.220.

178. Modèles de hanap, de buire et de bouteille. Trois dessins à la plume rehaussés à l'encre de Chine et à la sépia.

179. Encadrement de titre d'un ouvrage sur la vénerie. A gauche Diane chasseresse, à droite un fauconnier. A la plume et à l'encre de Chine. Signé des lettres C. M.

H. 0.165. L. 0.250.

180. Façade de la maison des Hammerbascher, place du Marché à Nuremberg. Elle est ornée de statues, de peintures, etc. A la plume avec rehauts de sépia et d'encre de Chine.

H. 0.460. L. 0.800.

181. Quart de plafond pour édifice religieux, avec double balustrade et perspective d'édifice. Sur des consoles, qui ornent la première balustrade, sont placées plusieurs statues d'évêques. A la plume et à l'aquarelle.

H. 0.320. L. 0.595.

ÉCOLE ALLEMANDE.

(XVIII⁰ siècle).

182. Plafond avec bordures où sont figurées allégoriquement les quatre parties du monde. Au centre Apollon sur son char. A la plume et à la sépia.

H. 0.300. L. 0.370.

ÉCOLE ANGLAISE.

(XVIII⁰ siècle).

183. Modèles de vases d'orfèvrerie, flambeaux, surtouts, pendules, glaces, etc. Soixante dessins à la plume, à la sépia et à l'aquarelle en un vol. in-4, demi-rel.

ÉCOLE DE BOLOGNE.

(Fin du XVIᵉ siècle).

184. Projet de fontaine à deux vasques superposées et surmontées
d'une figure de Neptune porté par des dauphins; sur le fût
un médaillon aux armes des Médicis. A la plume et au bistre.

H. 0.560. L. 0.420.

185. Projet de fontaine à deux vasques superposées. La vasque
supérieure est surmontée d'une statue de Ganymède
versant de l'eau. Sur le fût un écu aux armes des Médicis.
A la plume et au bistre.

H. 0.560. L. 0.420.

186. Projet de fontaine monumentale. La vasque est décorée d'un
mascaron et de volutes se terminant en griffes de lion. Sur
le rebord sont accolés des dauphins projetant des gerbes
d'eau. La partie supérieure est formée d'un fût de colonne
surmonté d'un groupe représentant le *Triomphe d'Apollon
sur Marsyas*. A la plume et au bistre.

H. 0.560. L. 0.420.

187. Projet d'une fontaine à deux vasques superposées. La vasque
supérieure est portée par des satyres qui sont debout sur
une plate-forme garnie de tortues. Au-dessus une figure de
satyre jouant du chalumeau. Sur le rebord de la fontaine les
armes des Médicis. A la plume et au bistre.

H. 0.560. L. 0.420.

188. Projet de fontaine à deux vasques superposées, celle du bas
étant de forme rectangulaire. La vasque supérieure est soutenue par une colonne ornée de dauphins et portant les
armes des Médicis. Au-dessus une figure de femme dont le
corps est entouré de bandelettes. A la plume et au bistre.

H. 0.535. L. 0.355.

ÉCOLE FLAMANDE.

189. Panneaux ornés d'arabesques et encadrements de panneaux.
Quatre dessins à la plume et à la sanguine. .

Un des dessins à la sanguine doit être l'œuvre de *C. Floris*.

3

ÉCOLE FLAMANDE.

(XVIe siècle).

3 20

190. Monuments antiques de Rome, de l'Italie et de la Gaule. En un vol. in-4, mar. bleu, riches dorures, tr. dor. *(Rel. anc.)*

> Suite de 100 dessins exécutés dans la seconde moitié du XVIe siècle, probablement par un artiste flamand.
>
> Ces dessins qui mesurent environ 115 mill. sur 80 millim. sont à la plume, le trait relevé de bistre et légèrement lavés à l'aquarelle.
>
> La liste des dessins contenus dans ce recueil a été donnée par M. de Geymüller (*Les Du Cerceau*, pp. 112-114). Cet iconographe a rapproché les compositions de ce volume, avec celles d'un recueil de dessins de *J. A. Du Cerceau* appartenant à M. Foulc, qui contient les mêmes sujets et en même nombre. M. de Geymüller suppose que le recueil de *Du Cerceau* et celui de l'artiste flamand ont été exécutés d'après un original commun, à moins pourtant que le volume de *Du Cerceau* n'ait été copié sur celui que nous venons de décrire.
>
> Deux dessins de ce volume ont été reproduits dans l'ouvrage sur les *Du Cerceau.*
>
> Les dessins sont précédés d'une table manuscrite en 2 ff. Le volume renferme un grand nombre de feuillets restés blancs probablement destinés à recevoir un texte explicatif.
>
> Riche reliure anglaise du XVIIe siècle.

ÉCOLE FLAMANDE.

(XVIIe siècle).

44

191. Vue de la ville d'Anvers prise des bords de l'Escaut. A la plume et à l'aquarelle.

> H. 0.210. L. 0.780.

ÉCOLE DE FONTAINEBLEAU.

(XVIe siècle).

400

192. Grande nef ou surtout de table représentant une nacelle supportée par des tritons et des sirènes. Sur un mât qui s'élève au milieu du navire une femme se tient debout, tenant une voile éployée. Des femmes, des sirènes, des tritons disposés autour de la nef tiennent des coquilles destinées à contenir des épices. A la plume et à l'encre de Chine.

> H. 0.365. L. 0.415.

6/0

193. ENCADREMENT DE PANNEAU. La frise supérieure est ornée d'Amours et de Génies au milieu de bandes de feuillages. Au centre un écusson avec la salamandre. A droite et à gauche deux niches contenant l'une un guerrier, l'autre une figure de femme nue. Le bas de la composition n'est qu'indiqué. A la plume et à la sépia.

` H. 0.450. L. 0.680.

2/0

194. Histoire d'Ariane. Composition pour tapisserie. A la plume et à l'aquarelle.

La partie principale de la composition est consacrée à la représentation d'un festin où se trouvent réunis Ariane et Bacchus. Dans le fond on voit Thésée quittant l'île de Naxos et Ariane désespérée de ce départ.
H. 0.360. L. 0.450.

2oo

195. Modèles de frises, cartouches et panneaux. Dix dessins à la plume et à la sépia.

ÉCOLE FRANÇAISE.

(*Fin du XVe siècle*).

3//

196. PORTAIL LATÉRAL D'UNE ÉGLISE DE STYLE FLAMBOYANT. La baie cintrée en anse de panier est surmontée d'un tympan décoré de meneaux s'exfoliant en trèfles. La voussure en ogive est décorée de bandeaux contenant des clochetons et des consoles dont les niches sont vides. Sur les côtés de l'ogive des crochets fleuronnés. A la plume sur vélin.

Ce précieux dessin est un des rares documents qui soient conservés des œuvres des architectes et maîtres maçons gothiques. Il a été longuement décrit et cité par M. Renouvier qui en a fait faire une reproduction pour son ouvrage : *Des maîtres de pierre et autres artistes gothiques de Montpellier.*
On lit sur le côté droit du dessin cette inscription : *A. D. Cest un desseing de la face d'un portal des Carolles au-dessus des vitres et du pignon avec leurs enrichissements, ceste feuille cousue avec celle marquée B. C.*
De la collection de M. VIONNOIS.
H. 0.455. L. 0.300.

1/0

197. La réception d'un convive.— Le repas près de la cheminée. Trois dessins pour vitraux à la plume avec rehauts de sanguine.

De forme ronde. Diam. 0.220.

ÉCOLE FRANÇAISE.

(*XVI*ᵉ *siècle*).

198. Buffet dont la partie supérieure est supportée par quatre colonnes. Il comprend trois armoires fermées par des portes ornées de sujets mythologiques. A la plume avec rehauts d'aquarelle.

H. 0.255. L. 0.195.

199. Modèles de deux moitiés de cabinet et d'un cabinet en bois sculpté. Trois dessins à la plume rehaussés sur deux feuilles.

200. Vue perspective d'une partie du château d'Anet. A la plume et à l'encre de Chine avec rehauts de blanc.

Au vᵉ un croquis représentant la fontaine de Diane.
H. 0.220. L. 0.470.

201. Moitié d'un panneau orné à droite d'un terme de satyre ; dans la partie supérieure d'une tête de femme couronnée de raisins posée sur une coquille ; dans la partie inférieure d'une tête de lion supportant une guirlande de feuilles tenue de l'autre côté par un amour. A la plume et au bistre.

H. 0.265. L. 0.210.

202. Portrait en pied d'un homme recouvert d'une armure et appuyé sur un bâton. Il est compris dans un cadre en bois orné d'un fronton et accompagné sur les côtés de quatre portraits d'hommes et de deux caissons contenant la lettre H surmontée de la couronne royale. A la plume, lavé d'encre de Chine.

H. 0.287. L. 0.205.

203. Reliquaire destiné à contenir un fragment de la vraie croix. Il se compose d'une sorte de coffret orné des attributs des Evangélistes sur lequel se tiennent deux anges tenant l'un la lance, l'autre l'éponge. Ces anges supportent une couronne d'épines entourant une croix dont les bras sont reliés par des têtes d'anges ailés et surmontée d'un Christ au roseau. La couronne repose sur un pied portant les armoiries du cardinal de Bourbon. A la plume et à la sépia.

H. 0.460. L. 0.310.

10 ,.   204. Statues attribuées à Jean Goujon et à Germain Pilon. Onze
dessins à la plume sur 5 feuilles.

On y joint le dessin d'un Terme par *H. Sambin ?*

ÉCOLE FRANÇAISE.

(*XVIIe siècle*).

23   205. Archivolte dans une chapelle au centre de laquelle est
peinte l'Annonciation. Dans la partie supérieure une frise
rapportée au milieu de laquelle se trouve un écu aux armes
de France et de Navarre. A la plume et au bistre avec rehauts
de blanc.

H. 0.190. L. 0.285.

206. DEUX FACES D'UN SALON garni de meubles et de tableaux.
Au milieu d'une des faces une cheminée haute avec cariatides et tableau surmonté d'une couronne dans la partie
supérieure. L'autre face comporte deux fenêtres avec appuis
et dessus ornés de statues. Deux dessins à la plume avec
rehauts d'encre de Chine.

H. 0.130. L. 0.245.

3   207. Cheminée monumentale avec tablette supportant un tableau
de forme hexagonale entouré de trophées militaires. A la
plume.

H. 0.275. L. 0.180.

208. Modèles de frises. Sept dessins à la plume et à la sépia.

1. Frises marines. Deux dessins de *J. Lepautre ?*
2. Frises marines. Deux dessins de *Lorichon.*
3. Frises d'Amours. Dessin de *Nic. Poussin*, etc.

3   209. Partie de la décoration supérieure d'une galerie ornée
de portraits d'homme et de femme, compris entre les
statues de la Force et de la Justice. Dessus de portes avec
amours et figures allégoriques. A droite une cariatide formée
d'une femme placée sur un piédestal. A la plume avec rehauts
de bistre et d'encre de Chine.

H. 0.260. L. 0.325.

210. Panneaux ornés par Lepautre, Lebrun, Le Clerc, Nic. Poussin, etc. Huit dessins à la plume, à la sépia et à l'aquarelle.

211. Bordures de plafonds avec caissons ornés d'arabesques, d'amours, sphinx, etc. Deux dessins à la plume et à l'aquarelle.

212. Moitié de plafond avec milieu circulaire représentant un sacrifice. Dans les angles des médaillons avec têtes d'impératrices romaines. A la plume et à l'aquarelle.

H. 0.270. L. 0.270.

213. Voussure de plafond ornée d'arabesques avec niche de forme circulaire contenant un buste en relief. A la plume avec rehauts de sépia.

H. 0.280. L. 0.420.

214. Corniche et écoinçons d'un plafond de galerie. Deux dessins à la sanguine avec rehauts de blancs et d'encre de Chine.

215. Détails de différentes faces et du plafond d'un vestibule orné de colonnes ioniques. Le plafond à caissons est orné d'un motif central peint. Au pinceau avec rehauts de lavis.

H. 0.370. L. 0.265

216. Projets de plafond. Cinq dessins à l'aquarelle.

Un des plafonds est aux armes royales ; un autre, destiné à une chapelle, porte le chiffre d'Anne d'Autriche ; un troisième, le chiffre couronné d'une princesse de la maison de France.

217. Projets de plafonds. Cinq dessins à l'aquarelle.

218. Projets de plafond. Dix-sept dessins à la plume.

La plupart de ces dessins sont exécutés par des artistes de l'école de *Cotelle*.

219. Fragments de plafond. Neuf dessins à la plume, à l'encre de Chine et à l'aquarelle.

220. Porte d'une ville fortifiée du Nord de la France. Vue prise du pont sur le fossé extérieur. Vue prise du pont élevé

sur le fossé intérieur. Façade du bâtiment élevé entre les deux portes. Trois dessins à la plume et à l'aquarelle.

Parmi les inscriptions qui ornent les portes, on remarque le nom de Louis XIV et les dates 1680 et 1685.
H. 0.270. L. 0.430.

221. Portique formé de trois arcades de différentes grandeurs. Les entre-colonnements sont occupés dans la partie supérieure par des plaques pour inscriptions supportées par des amours et par des écussons très ornés destinés à contenir des armoiries. A la plume et à l'aquarelle.

H. 0.365. L. 0.435.

222. Projet de tombeau placé sous une arcade supportée par quatre colonnes de marbre accouplées deux à deux. Sur le tombeau, devant un prie-dieu, le défunt, revêtu d'une robe de magistrat est agenouillé. La partie supérieure de l'arcade contient un écu avec cimier et guirlandes de fleurs tombantes. A la plume avec rehauts d'encre de Chine et de lavis.

H. 0.350. L. 0.540.

223. Projet de tombeau pour un duc de Lorraine. Sous une arcade accotée de colonnes, est placé le tombeau de ce duc sur lequel il est représenté assis, couvert de son armure. Dans la voussure de l'arcade, le même personnage est représenté agenouillé devant un prie-dieu. Au-dessus un écu pour armoiries supporté par deux aigles. On remarque plusieurs fois, parmi les ornements, la Croix de Lorraine. A la plume et à l'encre de Chine.

H. 0.375. L. 0.275.

224. Projet de tapisserie. Dans une grotte ménagée dans un portique de verdure, une Déesse assise sur un trône, est entourée d'amours. Sur le devant de la grotte, d'autres amours dansent, s'amusent avec des cygnes, des lièvres, des chiens. A la plume et à la sanguine.

H. 0.390. L. 0.440.

225. Encadrement de titre ou de portrait. Au centre un ovale accoté de deux cariatides ailées, en haut un soleil entouré

de lyres et de trompettes; au bas un culot formé d'une coquille supportée par deux griffons. A la plume et à l'aquarelle.

Ce beau dessin est attribué à *Nic. Robert*, le peintre de fleurs de Louis XIV. H. 0.345. L. 0.240.

226. Buffet de marbre avec girandoles, draperies, guirlande de feuillages, etc., garni de nombreuses pièces de vaisselle d'argent. A la plume et à l'encre de Chine.

Ce buffet paraît avoir été utilisé dans les fêtes de Versailles et ce dessin est peut-être l'œuvre de *J. Bérain.* H. 0.415. L. 0.230.

227. Projets de deux cabinets en mosaïque de Florence. La partie centrale est ornée d'un panneau cintré dans le haut compris entre deux cariatides. Les meubles reposent chacun sur six pieds d'animaux; ils sont surmontés d'un cartouche au chiffre du Roi. Deux dessins à l'aquarelle sur un trait de gravure.

H. 0.540. L. 0.370.

228. Projet d'écran avec manche de bois doré et incrusté. Le motif central représente au r° le jeu de la reine Marie-Thérèse et au v° le jeu du roi Louis XIV. A la plume.

On lit au bas: *Flour collora pour la plupart des esvantail de dames et damoiselles de la cour de France et autres.* H. 0.390. L. 0.275.

229. Fragments d'éventails. Trois dessins à la plume rehaussés et à la gouache.

Scène de comédie. — Buffet dressé dans un parc. — Un coin de rue de Paris; Dessin attribué à *N. Guérard.*

230. Deux landiers en fer et en bronze doré avec amours et têtes de chimères. Deux dessins à la plume et à l'aquarelle.

H. 0.370. L. 0.175.

231. Buffets d'orgues avec boiseries sculptées. Quatre dessins à la plume et rehaussés.

L'un de ces dessins est daté 1624; un autre porte les armes de la famille de Rochechouart, surmontées d'une crosse, et un troisième paraît avoir été fait pour l'église de Sèvres.

232. Projet de reliquaire en forme d'arche d'alliance. Il est surmonté de deux anges dont les ailes se rejoignent. La face principale est ornée d'un motif représentant un des épisodes de la vie de Moïse. Le reliquaire est flanqué de huit supports en forme de volutes, reposant sur des têtes d'anges et sur les têtes des animaux évangéliques. A la plume avec rehauts d'encre de Chine.

Ce dessin est attribué à *Cl. Ballin*, orfèvre du Roi.
H. 0.320. L. 0.290.

233. Entrée de serrure ornée. A la plume. Signé des initiales H. R.

H. 0.080. L. 0.070.

234. Vases d'ornement, d'orfèvrerie et de pharmacie. Quatre dessins à la plume, à la sépia et à l'aquarelle.

235. Grand devant de corsage enrichi de perles, de brillants et de pierres précieuses, orné de trois fleurs de lys d'or. A la plume avec rehauts d'aquarelle.

H. 0.420. L. 0.280.

ÉCOLE FRANÇAISE.
(*XVII*<sup> et *XVIII*<sup> siècles).

236. Projets de tombeaux et de cartouches pour inscriptions funéraires.

Seize dessins à la plume rehaussés, au crayon et à la sépia.

ÉCOLE FRANÇAISE.
(*Commencement du XVIII*<sup> siècle).

237. Quart de bordure d'un plafond contenant dans la corniche divers caissons où sont représentés les travaux d'Hercule ; dans les écoinçons, des trophées d'armures surmontés d'armoiries. A la plume et à l'aquarelle.

H. 0.265. L. 0.375.

238. Fragment d'un plafond avec trophées militaires, cartouche

avec représentation d'un sacrifice et écusson aux armes de Suède. A la plume et à l'aquarelle.

H. 0.140. L. 0.280.

288

239. CARTEL porté par un groupe d'une Renommée et de deux Amours planant sur des nuages. Les ornements de la caisse sont formés de feuilles d'acanthes, de palmiers et de têtes à coiffures empanachées. Dans le haut, un buste de femme sous un baldaquin. Au pinceau, avec rehauts d'encre de Chine et d'aquarelle.

H. 0.450. L. 0.230.

420

240. CARTEL en forme de lyre accotée de deux chimères, supporté par une figure du Temps et surmonté de deux Amours portant les attributs de Mercure. Au pinceau, avec rehauts d'encre de Chine et d'aquarelle.

H. 0.450. L. 0.230.

2

241. Encadrement de miroir ; le haut est formé d'un baldaquin surmonté de plumes de paon ; le bas, porté sur une tablette sur laquelle sont posés deux vases de fleurs, est orné dans le milieu d'une tête de femme au milieu d'arabesques. Au crayon noir et à l'encre rouge.

H. 0.420. L. 0.275.

ÉCOLE FRANÇAISE.

(XVIIIe siècle).

20f

242. Album de dessins et croquis, projets de palais et de maisons, décorations intérieures, grottes, salons, fragments de décoration, frises, lambris, statues, vases, meubles, etc. Cent-quarante dessins à la plume, à la sépia, à l'aquarelle, en un vol. in-4, vélin vert.

Cet album formé par un architecte du commencement du siècle, renferme de charmants dessins par *Boucher fils, Delafosse, Lalonde, Lagrenée, Taraval*, etc.

40

243. Fragments de décorations antiques, de chapiteaux, de tombeaux, etc. Environ soixante dessins à la plume et à la sépia, en un vol. in-4, cart.

A la suite on a ajouté 44 feuillets extraits d'un album d'architecte (*Lesueur ?*). croquis pris en Italie et dans le Nord.

244. Projet de frontispice formé d'une tapisserie à franges, placée sur un monument architectonique avec colonnes d'ordre ionique. Dans la partie supérieure, un cartouche accoté d'amours. La tapisserie est relevée sur les côtés par une femme debout sur un piédestal. A la plume et à l'encre de Chine.

H. 0.270. L. 0.220.

245. Encadrement de titre pour un ouvrage religieux. Dans le haut, portrait d'un évêque. A la plume et à la sépia.

H. 0.385. L. 0.240.

246. Archivolte ornée du chiffre de Louis XV, entouré de guirlandes de feuillages et modèles de panneaux ornés de sceptres croisés et de carquois. A la plume et à l'encre de Chine.

H. 0.190. L. 0.280.

247. Mascaron formé d'une tête d'homme placée sur une coquille et entourée de feuillages. Dessin au crayon noir.

H. 0.295. L. 0.255.
On y joint : 1° Mascaron formé d'une tête de satyre. Dessin à la sanguine. H. 0.230. L. 0.210.
2° Mascaron en forme de coquille. Dessin au crayon noir par *Girard*. H. 0.260. L. 0.375.

248. Dessus de porte de forme ovale contenant la représentation d'une divinité mythologique, soutenue par une sirène et un triton. Au crayon noir, lavé d'encre de Chine.

H. 0.250. L. 0.430.

249. Dessus de porte et panneau, ornés de médaillons avec sujets historiques supportés par des femmes et des amours. Deux dessins à la plume et à l'aquarelle.

H. 0.165. L. 0.125 et 0.150.

250. Trophées d'armes pour dessus de porte. A la plume et à l'encre de Chine.

H. 0.210. L. 0.325.

251. FACE D'UN SALON LAMBRISSÉ, orné de boiseries, avec cheminée de marbre surmontée d'une glace. A la plume avec rehauts d'encre de Chine.

H. 0.260. L. 0.480.

4/

252. Galerie vitrée formant bibliothèque. Entre chaque fenêtre, des médaillons de forme rectangulaire et de forme circulaire contenant des allégories diverses. A la plume et à l'aquarelle.

H. 0.215. L. 0.835.

23/

253. Projets pour la décoration d'un grand salon Louis XVI, orné de glaces rectangulaires avec frontons, de panneaux en bois sculpté, d'une cheminée avec glace, de portes à deux vantaux, surmontées de motifs en reliefs, amours et brûle-parfums. Deux dessins à la plume et à l'aquarelle.

H. 0.275. L. 0.800.

3//

254. PROJETS POUR LA DÉCORATION D'UN GRAND SALON LOUIS XVI, orné de glaces de forme cintrée comprises entre des colonnes plates assemblées. Petites et grandes portes à double vantail surmontées de panneaux ornés avec médaillons, trophées, etc. Devant les glaces sont suspendues des torchères à plusieurs branches. Une des faces est garnie de deux canapés. Deux dessins à la plume et à l'aquarelle.

H. 0.265. L. 0.530 et 0.650.

180

255. DIVERS PROJETS POUR SALON LOUIS XVI, avec cheminée, ou glace avec fronton comprise entre deux portes à deux vantaux. Chaque porte est surmontée d'un haut-relief, avec trophées ou scènes mythologiques. Trois dessins à la plume et à l'aquarelle.

H. 0.285. L. 0.435.

49

256. Une des faces d'un boudoir dans le style Louis XVI avec boiseries peintes. Au milieu une niche drapée avec la statue de l'Amour sur un piédestal. A la plume.

H. 0.205. L. 0.325.

112

257. Décoration d'une salle à manger de style Louis XVI, avec panneaux de marbre, cheminée surmontée de trophées d'armes, fontaine dans une niche, fontaine, etc. Deux dessins à la plume et à l'aquarelle.

H. 0.235. L. 0.580 et 0.825.
D'après une inscription manuscrite cette salle à manger aurait été exécutée chez M. de Courtelle, rue de Grenelle St-Germain.

120

258. Décoration de panneaux avec scènes pastorales et mythologiques, médaillons en relief, guirlandes de fleurs et de
feuillages, attributs divers. Deux dessins à la plume, à
l'encre de Chine et à l'aquarelle.

H. 0.310. L. 0.480.

48

259. Panneaux ornés et milieux de panneaux. Dix dessins à la
plume, à la sanguine et à l'aquarelle.

260. Panneaux et montants d'ornements. Quinze dessins au
crayon, à la plume, au lavis et à l'aquarelle.

59

261. Moitié d'une frise très ornée avec bordure de feuillages
formant compartiments, amours, têtes de méduse, guillo-
chis, animaux divers. Au milieu dans un médaillon, une
scène représentant l'Amour et Psyché. A la plume, à l'encre
de Chine et à l'aquarelle.

H. 0.425. L. 1.140

20

262. Frise dans le goût chinois avec diablotins, animaux fantas-
tiques, etc. A la plume et à l'aquarelle.

H. 0.235. L. 0.890.

41

263. Fragment de frise composée d'un terme à tête de femme,
se détachant sur une draperie tenue par des amours. A droite
et à gauche, deux femmes avec des licornes couchées à leurs
pieds. A la plume et à l'aquarelle.

H. 0.100. L. 0.210.

264. Frises par divers artistes. Quatre dessins.

1° Frises d'amours et d'animaux. Deux dessins à la plume et à l'encre de Chine
par *Sauvage*.
2° Frise avec termes et pélican. A la plume et à l'aquarelle.
3° Frise avec griffons. A la sanguine.

70

265. Cheminée monumentale en marbre avec jambages décorés
de têtes de satyres, surmontée d'un portrait en pied dans un
cadre orné avec fronton. A droite et à gauche de la cheminée,
panneaux avec motifs en relief, colonnes, etc. A la plume
et à la sépia.

H. 0.380. L. 0.270.

41

266. Moitié d'une cheminée de style Louis XVI avec tablette circulaire supportant un vase accoté de deux Amours. Les jambages formés d'une figure de femme dont la partie inférieure se termine en volute, sont surmontés d'un vase orné. A la plume et au crayon noir avec rehauts de lavis.
H. 0.425. L. 0.215.

12

267. Décoration de la voûte de l'église du Jésus, à Rome. A la plume et à l'encre de Chine.

Beau dessin qui a probablement été exécuté par un artiste français, pensionnaire de l'Académie à Rome. Il représente le tableau de *Bacicio Gauli*, compris dans la belle architecture de *Vignole*.
H. 0.470. L. 0.475.

100

268. Fragment de décoration de plafond voûté avec attributs maritimes. La partie inférieure se compose d'une sorte de balcon surmonté d'une tête de satyre sur laquelle est fixé un pavillon fleurdelysé. Aux côtés du balcon deux tritons posés sur des volutes. Au pinceau et à la sanguine avec rehauts d'encre de Chine.
H. 0.775. L. 0.435.

269. Décoration de plafond. Il est entouré d'une corniche avec rosaces dans des compartiments, panneaux avec rondes d'amours, etc. A la plume et à la sépia.
H. 0.860. L. 0.640.

270. Projet de plafond avec motif central représentant la Foi, assise sur les nuages. Rondes d'amours dans deux panneaux existant dans le sens de la largeur. A la plume et à l'aquarelle.
H. 0.220. L. 0.335.

14

271. Plafond très orné, avec bordures et arabesques, contenant au centre un panneau de forme ronde avec peinture représentant Apollon sur son char. A la plume rehaussé à la sépia.
H. 0.205. L. 0.240.

272. Projets de décorations de salon, chambres à coucher, galerie, etc. Huit dessins à l'aquarelle, à la plume. etc.

4

273. Projets de plafond. Six dessins à la sanguine et à la plume.

274. Projets de plafonds. Six dessins au crayon noir, à la plume et à la sépia.

On remarque des études pour les plafonds des hôtels de Soubise, de Richelieu, etc.

275. Quarts de plafond. Six dessins à la plume, à la sépia et à l'aquarelle.

276. Projet de fontaine formée d'une porte monumentale posée au milieu des rochers. La porte est surmontée d'un écusson aux armes royales, supporté par deux génies. A droite et à gauche, un triton et une néréide, et au-dessus le chiffre entrelacé du roi. A la plume et à l'encre de Chine.

H. 0.385. L. 0.250.

277. Projet de château d'eau placé au milieu d'un parc, avec portique en maçonnerie, grottes, niches avec groupes, vasques, escaliers garnis de vases, etc. La partie supérieure comprend un temple circulaire avec statue de Neptune. A la plume et à l'aquarelle.

H. 0.500. L. 0.920.

278. Fontaine rocaille dans un jardin. Elle est placée sous une veranda soutenue par deux colonnes formées en partie par un homme et une femme. A la plume, avec rehauts d'encre de Chine et de lavis.

H. 0.360. L. 0.120.

279. Projet de fontaine monumentale. Dans une niche réservée à la hauteur du sol, un groupe représentant Neptune et des sirènes. Dans le haut, reliefs avec tritons et néréides. A la partie supérieure, les armes du roi. A la plume et à l'encre de Chine.

H. 0.690. L. 0.435.

280. Bas-relief formé d'amours et de tritons, accoté de deux consoles, paraissant servir à la décoration d'une fontaine. A la plume et à l'encre de Chine.

H. 0.120. L. 0.310.

281. Portique de treillage pour jardin d'hiver. Au milieu une

fontaine se détachant sur une perspective. A la plume et à l'aquarelle.

H. 0.360. L. 0.415.

6

282. Décoration de jardins. Grotte circulaire avec fontaine. Sphinx. Terme. Fontaines. Six dessins au crayon et à l'aquarelle, dont deux par Taraval.

13

283. Vue d'un château au milieu d'un jardin, avec étang et fontaines, dans lequel se promènent plusieurs personnages. Aquarelle.

H. 0.325. L. 0.560.

284. Vue d'un château avec tourelles placé sur une colline au milieu d'un parc. A la plume.

H. 0.310. L. 0.525.

3

285. Projet de pavillon. La façade principale comprend une porte et deux fenêtres voûtées avec dessins ornés. La porte est comprise entre deux colonnes ioniques. Le toit plat est garni d'une balustrade. A la plume et à l'encre de Chine.

H. 0.280. L. 0.460.
On y joint un dessin de *Delafosse:* Projet de monument avec portique à colonnade, surmontée d'un fronton trangulaire. A la plume et à la sépia.
H. 0.210. L. 0.280.

40

286. VUE GÉNÉRALE DE L'ABBAYE DE SAINT-DENIS de Reims, de l'ordre de Saint-Augustin. A la plume et à l'aquarelle.

H. 0.510. L. 0.860.

28

287. Tombeau de Jean-Baptiste Colbert, marquis de Seignelay. Il est placé sous une niche et surmonté d'une pyramide recouverte d'une draperie relevée par deux génies. Le défunt est étendu sur le tombeau au milieu de trophées. A droite et à gauche, statues allégoriques de la Justice et de la Foi. Au crayon et à l'encre de Chine.

H. 0.555. L. 0.375.

175

288. Modèle d'applique en bronze à quatre lumières : le motif principal est constitué par un jeune faune supporté par une console fleurdelysée. A la plume rehaussé à l'encre de Chine.

H. 0.660. L. 0.245.

120

289. Projet de flambeau, formé de deux satyres adossés dont la partie inférieure du corps se prolonge en volute terminée par un pied de bouc. A la plume.

Au verso un modèle de cartouche surmonté d'une couronne et modèle de mascaron. Deux dessins à la plume et à l'encre de Chine.
H. 0.325. L. 0.170.

6

290. Projet d'ostensoir. Le pied est formé par des nuages amoncelés reposant sur une tablette garnie de deux torchères à deux branches. Sur cette tablette est représenté un personnage au manteau fleurdelysée se prosternant devant la couronne d'épines. Au pinceau, à la sépia.

H. 0.340. L. 0.305.

230

291. Soupière aux armes de Suède. Le couvercle est décoré de deux amours assis. A la plume et à l'encre de Chine.

H. 0.275. L. 0.455.

5

292. Surtout en forme de vase. Le plateau supérieur est supporté par des amours. La base repose sur trois pieds à griffes de lion. A la plume et à l'encre de Chine.

H. 0.275. L. 0.185.

420

293. Modèles de torchères avec pieds ornés. Quatre dessins à la plume et à l'encre de Chine.

H. 0.230. L. 0.095.

700

294. Modèles de deux vases d'orfèvrerie et d'un brûle-parfums de style Louis XVI, ornés avec des guirlandes de fleurs et de feuilles. Trois dessins à la plume et à la sépia.

295. Modèles de vases d'orfèvrerie et de jardin. Six dessins à la sépia et à l'encre de Chine.

71

296. Moitié d'un cadre de glace orné, au fronton, d'un écu supporté par des Amours et surmonté d'une couronne; dans le bas, cartouche entouré de lierres, de balances, etc. Au pinceau et au bistre, lavé de teinte jaune.

H. 0.570. L. 0.300.

70

297. Deux modèles de cadres de glace, l'un de forme rectangulaire portant au fronton une tête de femme, l'autre de forme

4

ovale surmonté de la tête d'Apollon et accoté de deux figures
d'hommes personnifiant la Peinture et la Sculpture. Deux
dessins à la plume et au pinceau lavés d'encre de Chine et
d'aquarelle.

298. Deux projets différents d'un angle de meuble, coffre de
mariage ou cabinet à bijoux. La tablette supérieure de ce
meuble est bordée d'une corniche avec feuilles d'acanthe
surmontée d'une galerie de bronze formée d'arabesques et
de bouquets de fleurs. Elle porte dans l'angle un vase de
forme allongée contenant également des fleurs. L'arête du
meuble est formée, dans un des dessins, d'une figure de
femme dont la partie inférieure du corps se termine en feuille
d'acanthe, dans l'autre de deux montants formés de baguettes
ornées, de bouquets de fleurs reliés par des rubans. Deux
dessins à la plume et à la sépia.

H. 0.520 et 0.395. L. 0.225

299. Projet de table à quatre pieds garnis de têtes de béliers
reliées par des guirlandes de fleurs. A la sanguine.

H. 0.175. L. 0.295.

300. Modèle de fauteuil en bois sculpté, garni de tapisserie. A
la plume et à l'aquarelle.

H. 0.290. L. 0.210.

301. Modèles de tables, sièges, supports, torchères, brasier,
traineau, etc. Vingt dessins, à la plume, à la sépia, à la
sanguine, etc.

302. ALBUM DE M. LE ROY PÈRE, orfèvre et bijoutier à Paris
au dix-huitième siècle. En un vol. in-4, veau marbré, fil.,
tr. rouge. (Petit.)

Recueil de 174 charmants dessins destinés à servir de modèles aux orfèvres et
aux miniaturistes, pour décorer les montres, tabatières, boîtes, bonbonnières,
etc. Ces dessins de toute nature, au crayon, à la plume, à l'aquarelle, sont de
diverses mains, mais dans l'ensemble parmi les scènes d'intérieur, les scènes
galantes et champêtres, il est impossible de ne pas reconnaître le faire d'Eisen,
de Gravelot, de Huet, de Desrais, de Blarenberghe et autres maîtres du dernier
siècle.

De Blarenberghe nous signalerons notamment une série de fêtes champêtres,
de représentations théâtrales dans lesquelles l'artiste a su placer des centaines de
personnages dans des dessins d'une très petite dimension.

M. Le Roy, fut le fondateur de la célèbre maison d'horlogerie qui existe
encore aujourd'hui.

303. Modèle d'éventail représentant Vénus et l'Amour entourés de plusieurs amours. A la gouache et à l'aquarelle.

H. 0.160. L. 0.460.
On y joint les dessins de trois éventails: Scène pastorale, dessin à la plume et à l'encre de Chine. — Scènes militaires, deux dessins à la gouache.

304. Dessins et décorations de Carrosses et chaises à porteurs. Quarante-cinq dessins à la plume en un vol. in-4, veau marbré, fil., tr. rouge.

Parmi les cartouches et écussons, on remarque fréquemment la lettre P surmontée d'une couronne de Marquise, ce qui permet de supposer que ces dessins ont été exécutés pour Madame de Pompadour.

ÉCOLE FRANÇAISE.

(Fin du XVIII siècle).*

305. Fond de salon de style Louis XVI orné d'une grande glace placée entre deux fenêtres avec rideaux. Devant la glace une console supportée par trois amours. A la plume et à l'aquarelle.

H. 0.260. L. 0.300.

306. Deux dessus de porte avec arabesques, cornes d'abondance, vases de fleurs, etc. A la plume avec rehauts de sépia.

H. 0.075. L. 0.215.

307. Montants d'ornements où sont représentées allégoriquement les cinq parties du Monde. Cinq dessins à la plume et à la sépia sur la même feuille.

H. 0.540. L. 0.045.

308. Modèle de plafond de boudoir. Le milieu est occupé par une rosace en forme de tente entourée par une torsade de rubans et de fleurs. Dans les écoinçons quatre aigles portant une couronne de fleurs. La bordure du plafond est ornée d'arabesques de fleurs et de feuillages. Dans un cercle au centre est un chiffre formé des lettres M. A. (Marie-Antoinette ?) surmonté d'une couronne de roses. A la plume et à l'aquarelle. ,

Beau dessin qui paraît être de *Ranson.* Un petit morceau enlevé dans un des angles.
H. 0.640. L. 0.640.

309. Modèle de plafond formé d'un grand motif ovale représentant des amours jouant avec un casque, un bouclier et
une lance. Les écoinçons sont variés et séparés par des
groupes d'amours avec attributs guerriers exécutés en relief
à la plume et à l'aquarelle.

Au vᵒ un projet différent pour le panneau central représentant Persée et
Andromède.
H. 0.430. L. 0.485.

310. Plafond peint orné de deux velums, l'un de forme rectangulaire, l'autre en losange, superposés. Ce dernier porte au
centre une couronne de fleurs et dans les angles quatre
femmes ailées. La bordure du plafond est formée de deux
côtés par deux petits velums, et des deux autres côtés par
deux frises ornées de personnages. A la plume et à l'aquarelle.

H. 0.255. L. 0.390.

311. Dessins de chaises, fauteuils, canapés, lits, etc. Trente-
quatre dessins à l'aquarelle et à la plume en un vol. in-fol.,
veau marbré, fil., tr. rouge.

Modèles de meubles usités vers la fin du règne de Louis XVI. Ces dessins
peuvent être attribués à *Charpentier* qui a fourni les originaux des gravures
d'ameublement insérées dans le *Cabinet des Modes.*

312. Poêle à quatre faces avec couvercle garni aux angles de
quatre bustes de femmes ailées et surmonté d'une boule. Sur
une des faces sont représentés Hébé et l'Amour. A la plume
sur papier calque.

H. 0.300. L. 0.200.

313. Détails de la construction et de l'aménagement des vaisseaux de guerre. Trente-quatre dessins à la plume et à l'encre
de Chine. En un vol. in-fol., veau brun. (*Rel. anc.*)

Ces dessins, exécutés par un dessinateur employé à l'arsenal de Toulon, représentent le navire sous ses divers aspects, depuis la mise sur chantier, jusqu'au
moment où le navire est entièrement armé et prêt à partir en campagne.

314. Statues antiques, trépieds, lampadaires, etc. Cent-douze
dessins à la plume et au lavis de sépia. En un vol. in-4, cart.

Ces dessins reproduisent de nombreux morceaux de sculpture antique des
villas Médicis et Borghèse, du Vatican, des Palais Justinien, Barbarini, et autres
palais de Rome.

ÉCOLE FRANÇAISE.

(Fin du XVIIIe siècle et commencement du XIXe).

3   315. Projets de monuments divers. Etudes d'architecture, etc.
Dix-huit dessins à la plume et au lavis par Visconti, Thibault, Lepère, etc.

ÉCOLE ITALIENNE.

18   316. Panneaux, cartouches et montants d'ornements. Douze
dessins à la plume rehaussés.

29   317. Cartouches. Fontaine. Berceau. Quatre dessins à la plume
et rehaussés.

23   318. Décors de fêtes et d'opéras. Six dessins à la plume rehaussés
d'encre de Chine.

7/   319. Projets de tombeaux et de cartouches pour inscriptions
funéraires. Sept dessins à la plume rehaussés et à l'aquarelle.

ÉCOLE ITALIENNE.

(XVIe siècle).

7200 †   320. Recueil de dessins représentant des monuments antiques,
autels de sacrifices, pierres tumulaires, des portes et arcs de
triomphe, des villes avec monuments antiques, des temples
etc. Cent-huit dessins à la plume et à la sépia en un vol. infol., veau marbré, tr. rouge.

> Précieux recueil d'un des plus brillants artistes de la Renaissance italienne,
> probablement de *Sansovino*.
> La série des portes et arcs ornés de sculpture est particulièrement remarquable.

170   321. Portes, fenêtres, cheminées, autels, frises, chapiteaux et
ornements divers. Quarante dessins à la plume et à la sépia.

> Dessins attribués à *Palladio*, à *Serlio*, à *Jean d'Udine*, etc.

100   322. Cartouches, cadres, supports, termes, panneaux, frises,
etc. Suite de quinze feuilles avec nombreux dessins à la

plume au r⁰ et au v⁰, en un vol. in-4, mar. brun, dos orné, fil , tr. dor.

A la suite on a relié : Six dessins à la plume et au bistre de *B. Castelli*, représentant des cadres de miroirs.
Le volume débute par un dessin de l'école allemande représentant des armoiries avec casque et cimier.

323. Deux moitiés de cartouches décorés de volutes, mascarons cariatides et guirlandes de fleurs. A la plume.

H. 0.215. L. 0.220.
Morceau remis dans la partie supérieure.

324. Couronnement d'arcades composé d'un casque, d'un bouclier et d'autres attributs de la guerre. A la plume.

H. 0.145. L. 0.220.

325. Grotte de verdure avec statues et niche dans laquelle se trouvent diverses fontaines ornées de tritons, des trois grâces, etc. L'eau est reçue dans une grande vasque circulaire. A la plume.

H. 0.265. L. 0.195.

326. Décorations intérieures. Panneaux, voussures, galeries, etc. Seize dessins à la plume rehaussés à la sépia.

Dessins de *Perino del Vaga*, *F. Zuccari*, *Nic. da Carpi*, *Albertolli*, etc.

327. BANC DE CHŒUR à cinq stalles avec dossier et accotoirs. Sur les montants extrêmes, deux statuettes de Saint Marc et de Saint Luc. A la plume et au bistre.

Collection de Sir Th. LAWRENCE.
H. 0.260. L. 0.515.

328. Berceau d'enfant à base arrondie. Les côtés sont ornés de panneaux avec sujets sculptés (satyres et nymphes) compris entre deux figures de femmes dont la partie inférieure se termine en rinceaux. A la plume et à la sépia.

Dessin signé *Perino del Vaga*.
H 0.170 L. 0.285.

329. Grande vasque décorée dans le style des faïences d'Urbino. Au milieu des arabesques est réservé un médaillon ovale avec scène marine. La vasque est ornée de deux anses formés de deux serpents dont la queue repose sur deux mascarons. A la plume avec rehauts d'aquarelle.

H. 0.295. L. 0.495.

330. Modèle de buire avec anse ornée d'un satyre. La panse est divisée en compartiments avec sujets divers. Ces compartiments sont séparés par des entrelacs avec satyres, faunesses, bandes de feuillages, perles et pierres. A la plume.

H. 0.360. L. 0. 185.

331. Buire allongée avec anse et couvercle. La panse est ornée de mufles de lion. Au pinceau et à l'aquarelle.

H. 0.325. L. 0.170.

332. Vase d'orfèvrerie avec couvercle orné de décors de médaillons à relief. Sur chacun des médaillons est représentée une scène mythologique. A la plume avec rehauts d'aquarelle.

H. 0.300. L. 0.185.

333. Bordure de plat composée de deux frises circulaires, l'une ornée de canards, sarcelles et autres oiseaux aquatiques au milieu de roseaux, l'autre ornée de biches et de figures de fleuves. A la plume rehaussé à la sépia.

H. 0.270. L. 0.430.

334. Le jugement de Pâris. Dessin pour un plat exécuté à la plume et à la sépia.

De forme ronde. Diam. 0.280.

335. Drageoir vu de face et de profil, formé d'une coquille supportée par un pied composé de quatre griffes de lion. Il est orné d'une garniture de métal surmontée d'un renard? tenant entre ses pattes un écu armorié. A la sépia.

H. 0.205. L. 0.320.

336. Projet de salière formée par une coquille que supporte un Atlas agenouillé. Le pied est formé par une tablette reposant sur huit tortues. A la plume et au bistre.

Des collections des ducs de MODÈNE, et de MARIETTE.
H. 0.230. L. 0.210.

337. Ecritoire de forme triangulaire. La face offre un cartouche orné d'armoiries d'un cardinal supportées par des Amours, se terminant en rinceaux. Les pieds sont formés par des Néréides qui supportent des volutes sur lesquelles sont assises des figures de femmes nues. Au centre une femme drapée

debout et supportant une vasque. A la plume et à l'encre de Chine.

H. 0.110. L. 0.237.

338. Projet de coffret en bois ou un métal. Il repose sur quatre pieds en forme de griffes. Une frise, qui orne les quatre faces du coffret, porte diverses figures de femmes nues et des sujets allégoriques. Le couvercle est surmonté par une femme ailée qui, couchée à moitié, a le bras appuyé sur plusieurs volumes. A la plume et à la sépia.

H. 0.205. L. 0.400.

339. Face d'un coffret orné de diverses figures de femmes et de tritons au milieu d'arabesques. Le coffret repose sur quatre tortues. A la plume avec rehauts d'encre de Chine.

H. 0.095. L. 0.270.

340. Encadrement de miroir orné, dans la partie supérieure, d'une figure de femme personnifiant la Renommée et sur les côtés, parmi de riches entrelacs, de deux statues d'apôtres. A la plume et à la sépia.

H 0.495. L. 0.330.

341. Bouclier de forme ovale, orné dans la partie centrale, d'un motif représentant le jugement de Pâris et, en bordure, de diverses scènes mythologiques. A la plume.

H. 0.245. L. 0.190.

342. Modèles de casques et de cuirasse. Quatre dessins à la plume.

Au vᵒ d'un des dessins provenant de la collection CROZAT, une tête de More, dessin à la plume.

ÉCOLE ITALIENNE.

(XVIᵉ et XVIIᵉ siècles).

343. Modèles de frises ornées. Quinze dessins à la plume et à la sépia.

344. Modèles de plafonds, voussures, corniches, etc. Vingt dessins à la plume et à la sépia.

Plusieurs de ces dessins sont exécutés par des artistes de l'école de *Vasari.*

1/0

345. Fragments de décorations intérieures, panneaux, frises, voussures de plafonds, etc. Trente dessins à la plume rehaussés.

27

346. Modèles de vases et de buires. Douze dessins à la plume et au lavis.

> Deux des dessins, représentant des verres de Venise, sont attribués à *Polydore de Caravage*.

ÉCOLE ITALIENNE.

(*XVIIe siècle*).

20

347. Fragment de décoration de cour de palais offrant un portique sous lequel est élevé une statue monumentale. A droite et à gauche deux bâtiments avec portes surmontées de trophées, fenêtres, etc. Ces deux bâtiments se rejoignent par une galerie ouverte, avec balustrade passant dans la partie supérieure du portique. Dans le fond, perspective de colonnade. A la plume avec rehauts de sépia.

> H. 0.400. L. 0.335.

17

348. Intérieur d'une pharmacie composée de plusieurs pièces. Les murs sont garnis de tablettes avec bocaux, d'alambics, d'armoires, etc. Comptoirs, balances, presses, etc. A la plume et à la sépia.

> H. 0.370. L. 0.460.

1/00

349. Projet de plafond d'une galerie. Parmi les compartiments, formés d'arabesques et d'ornements, sont réservés des grands et petits panneaux représentant diverses scènes mythologiques. A la plume et à la sépia.

> H. 0.365. L. 1.580.

20

350. Modèle de plafond en forme de coupole avec triple balustrade en perspective. A la plume et à la sépia.

> Diamètre 0.460.

7

351. Voussures et caissons pour plafonds. Quatre dessins à la plume, à l'aquarelle et à la sépia.

> Ces deux dessins sont l'œuvre d'un artiste de l'école de *Romanelli*.

2

352. Projets de plafonds, quatre dessins à l'aquarelle et à la plume.

10

353. Dessus de porte formé d'un écusson aux armes des Médicis soutenu par deux figures de l'abondance et d'un fleuve. A la plume avec rehauts d'encre de Chine.

H. 0.335. L. 0.230.

12

354. Cartouches, consoles, mascarons. Nombreux dessins et croquis exécutés à la plume avec rehauts au r° et v° de treize feuilles.

12

355. Projet d'arc triomphal. La porte principale est surmontée d'un motif avec tablette pour inscription. Ce motif a pour couronnement un guerrier à cheval sur une plate-forme, portant sur l'une des faces la fleur de lys florentine. A la plume et à la sépia.

H. 0.505. L. 0.250.

11

356. Projets de fontaine à trois vasques superposées. Dans l'une, la première vasque est supportée par des chevaux tenus par des amours. Dans l'autre, la première vasque est soutenue par des enfants tenant des cornes d'abondance. Dans la troisième, la vasque est soutenue par des hommes portant des globes sur leurs épaules. Trois dessins à la plume et à l'aquarelle.

H. 0.480 à 0.540. L. 0.370 à 0.400.

60

357. Vasque circulaire ornée de feuilles d'acanthes. Elle est supportée par des sirènes soufflant dans des conques. Le pied est formé de têtes d'amours et de griffes de lions. Entre les sirènes, un écu aux armes de France et de Navarre surmonté d'un amour tenant deux couronnes. A la plume et à la sépia.

H. 0.170. L. 0.230.

6

358. Vase avec couvercle. La panse est ornée d'un sacrifice à Priape au-dessus d'arabesques et de guirlandes tenues par des amours. Le pied est formé d'un fragment de colonne surmontée de son chapiteau. A la plume et à la sépia.

H. 0.235 L. 0.180.

26

359. Ciboire dont la panse est décorée de deux Anges tenant un cartouche ; le couvercle est surmonté d'une croix dont la base est posée sur deux têtes de chérubins. A la plume et au bistre.

H. 0.305. L. 0.205.

6f

360. Vase à encens ou navette, bénitier et goupillon, en argent ciselé, aux armes du pape Clément XII. Deux dessins à la plume et à la sépia sur la même feuille.

H. 0.325. L. 0.200.

8/

361. Seau à rafraîchir avec anse. La base et le pourtour sont décorés en imitation de panier tressé. A la plume avec rehauts de bistre.

H. 0.250. L. 0.185.

160

362. Projets d'éventails représentant le Triomphe de Neptune. Deux dessins à la plume avec rehauts d'encre de Chine.

H. 0.180. L. 0.550.

3

363. Quart de bordure de miroir ornée d'amours, de coquilles, de mascarons, etc. A la plume et à la sépia.

H. 0.240. L. 0.180.

136

364. Projet de tapisserie où est représenté un temple dédié à Diane et à Cérès. Dans ce temple, des nymphes fustigent et flagellent des amours. A la plume et à la sépia.

H. 0.220. L. 0.350.

ÉCOLE ITALIENNE.

(*XVIIIe siècle*).

2/

365. Vue perspective d'une partie d'un palais à colonnades. Plafond peint avec figures d'anges, de guerrier, de vieillard, etc. A l'aquarelle, signé des initiales S. B. et daté 1747.

H. 0.570. L. 0.390.

13

366. Projet de plafond. Il est divisé en quatre compartiments, séparés par des pyramides avec trophées reliant le panneau central à chacun des angles. Au milieu des quatre

faces, des monuments de forme rectangulaire surmontés de frontons flanqués de deux amours. Les petits compartiments sont ornés de peintures avec amours et personnages mythologiques. A la plume, à la sépia et à l'aquarelle.

H. 0.550. L. 0.570.

367. Plafond peint, orné en bordure de niches dans lesquelles sont placées des femmes personnifiant les Arts. Ces niches sont réunies par de légères arabesques. Au centre, un soleil flamboyant. A la plume et à l'aquarelle.

H. 0.265. L. 0.332.

368. Modèles de plafonds. Trois dessins à l'aquarelle et à la sanguine.

Dans le goût des dessins de *Bibiena*.

369. Quatre frises et un fragment de panneau sur la même feuille. Les frises sont ornées de volutes, de guirlandes de fleurs et de médaillons soutenus par des Néréides. A la plume, lavés de bistre et d'aquarelle.

H. 0.450. L. 0.310.

370. Montant d'ornements avec arabesques, médaillons, dans le goût des fresques de Raphaël au Vatican. Cinq dessins à la plume et à la sépia.

Dimensions diverses. Un des dessins est signé : *Gioseppe... Rome*, 1771.

371. Quatre des arabesques en hauteur, peintes par Raphaël au Vatican. Copies à la plume et à l'aquarelle.

H. 0.740. L. 0.460.

372. Projet de chapelle funéraire de forme ronde. Au milieu, un catafalque avec luminaire ; il est orné de fleurs de lis, de couronnes royales et d'un chiffre formé de L entrelacés. Autour de la chapelle, autels, tentures, inscriptions et armoiries où se remarquent les trois lis de France. A la plume et à la sépia.

H. 0.600. L. 0.435.

373. Modèles de bijoux et de joyaux. Deux cent-vingt-six

dessins à la plume sur soixante-cinq feuilles en un vol. in-4, mar. brun, dos orné, fil., tr. dor. (*Petit*).

Ces dessins paraissent inspirés des ouvrages de *Pouget*, de *Duflos* et de *Maria*; ce sont des modèles de joaillerie en tous genres, rubans, aigrettes, pendeloques, agrafes, boucles, etc., etc.

374. Vase à deux anses formées par deux amours, dont la partie inférieure se termine en queue de dauphin. Sur la gorge sont représentés divers personnages antiques. Pied à cannelures surmonté de feuilles d'acanthes. A la sépia avec rehauts de blanc.

> H. 0.235. L. 0.180.

375. Modèles de lustres. Deux dessins à la plume rehaussés.

Au vᵒ de l'un des dessins est un troisième dessin à la plume et au bistre avec rehauts de blanc représentant Loth et ses filles.

EISEN (Charles)?

École française (1720-1778).

376. Projet de plafond peint représentant plusieurs Amours se jouant sur les nuages avec des guirlandes de fleurs, des flambeaux et des rubans. A la plume et à l'aquarelle.

> H. 0.220. L. 0.305.

FALCONET (Étienne).

École française (1716-1791).

377. Groupe composé d'une nymphe et d'un amour posés sur un piédestal. Le groupe est vu de face et de profil. A la sanguine.

> H. 0.360. L. 0.240.

FLAMEN (Albert).

École française (XVIIᵉ siècle).

378. Frontispice de livre orné dans la partie supérieure d'un groupe représentant Louis XIII et Anne d'Autriche vouant

le Dauphin à la Vierge. A la plume et à l'encre de Chine.

H. 0.245. L. 0.170.

On y joint 4 frontispices divers dont un attribué à *Lebrun*, et un à *Zuccaro*.

FORDRIN (Louis)?

École française (XVIIIe siècle).

379. Pied de croix en fer ou bronze, orné d'un médaillon avec l'agneau pascal reposant sur une tablette d'où partent deux cornes d'abondance avec fleurs et fruits. A la plume et à l'encre de Chine.

H. 0.175. L. 0.225.

FORTY (Jean-Jacques).

École française (XVIIIe siècle).

380. Applique en bronze à deux lumières supportées par deux chimères. A la plume et à l'encre de Chine.

A été gravé par *Colinet* et publié dans les *Œuvres de sculpture en bronze de Forty*.

H. 0.245. L. 0.160.

381. Feu de cheminée orné d'un Amour assis sur une chimère. A la plume avec rehauts de sépia et d'encre de Chine.

H. 0.150. L. 0.205.

382. Panneau du buffet de la salle à manger du château de Fleury. Médaillon avec scène antique supporté par deux chimères montés par des amours. A la plume et à l'aquarelle.

H. 0.120. L. 0.165.

FORTY (Genre de).

383. Bras de lumière à quatre branches, surmonté d'une tête de femme. — Lustre formé de deux figures de femmes dont le corps se termine en cornes d'abondance qui supportent les quatre lumières. Deux dessins à la plume avec rehauts de sépia.

On y joint un dessin attribué au même artiste: Girandole formée de branches tenues par un amour. Au crayon noir.

FRAGONARD (Honoré)?

École française (1732-1806).

384. Le Sacrifice d'Iphigénie. Fragment de plafond. A la plume
et à la gouache.

H. 0.295. L. 0.365.

FREMIN.

École française (XVIIIᵉ siècle).

385. Vue perspective de deux monuments dont l'un rappelle la
Colonnade du Louvre et l'autre le Panthéon. A l'aquarelle.
Signé et daté 1779.

De forme ronde. Diam. 0.455.

DE GERENTE (Henry).

École française (XIXᵉ siècle).

386. Modèles de vitraux et copies de vitraux de la basilique de
Saint-Denis. Quatorze dessins à l'aquarelle.

GILLOT (Claude).

École française (1673-1722).

387. Panneau décoratif. Il est compris entre deux colonnes
avec chapiteaux de feuillages supportant un fronton surmonté d'une coquille. Dans le bas un cartouche. A droite
panneau peint avec arcs et carquois, suspendus à des guirlandes de feuillages. Au dessous deux lévriers. A la plume et
à la sanguine avec rehauts d'encre de Chine.

H. 0.500. L. 0.295.

388. Fragment d'un panneau en tapisserie avec attributs de
chasse. A la plume et à la sépia.

H. 0.270. L. 0.158.

140

389. Projets de panneaux avec personnages de la Comédie italienne. A la plume lavé d'aquarelle.

H. 0.265. L. 0.215.

390. Quatre femmes et deux hommes en costume de ballet dessinés sur la même feuille. A la plume et à la sanguine.

Au verso deux montants avec riches arabesques.
H. 0.210. L. 0.155.

16

391. Décorations de canons et crosses de fusils. Cinq dessins à la sanguine sur la même feuille. Signés.

H. 0.165. L. 0.240.

GILLOT (Genre de).

100

392. Projet de tapisserie où est représenté le Temps dans une gloire, entouré d'Amours sonnant les Heures sur un carillon. Ces personnages sont sous un portique à colonnades, dans un jardin animé d'amoureux, de femmes, d'enfants, d'animaux et d'oiseaux. Au crayon rouge, la bordure au crayon noir.

H. 0.420. L. 0.485.

GIOCONDO (Fra Giovanni).

École italienne (1455?-1520).

393. ALBUM DE DESSINS de Fra Giocondo. *S. l. n. d.*, in-8, vélin. (*Rel. anc.*)

Intéressant album de dessins à la plume avec rehauts de sépia attribués par M. de Geymüller, au célèbre architecte *Fra Giocondo*.

Le volume se compose de 102 ff. numérotés 1-103 (le n° 93 omis) sur lesquels ont été appliqués et collés 156 dessins découpés au trait.

Ces dessins consacrés à des anciens monuments de Rome, d'Albano, de Tivoli et de la campagne de Rome, représentent tantôt les monuments entiers, tantôt des détails: colonnes, chapiteaux, consoles, bas-reliefs, rosaces, moulures, etc.

Ces dessins sont accompagnés d'inscriptions qui paraissent avoir été copiées sur celles qui accompagnaient les dessins de *Fra Giocondo* avant qu'ils aient été découpés.

Le volume provient de la bibliothèque du Collège des Jésuites. Il porte sur la garde la signature de l'architecte ACHILLE LECLÈRE.

Voy. pour la description de ce volume: *Trois Albums de dessins de Fra Giocondo* par M. de Geymüller (pp. 5-9).

/10

394. ALBUM DE DESSINS de Fra Giocondo. *S. l. n. d.*, in-4, vélin (*Rel. anc.*)

> Précieux album de dessins attribués à *Fra Giocondo*.
>
> Le volume comprend 130 feuillets sur lesquels sont tracés à la plume avec rehauts de sépia, plus de six cents dessins de monuments antiques et de détails d'architecture. Beaucoup de ces dessins sont importants par les détails qu'ils fournissent, sur des monuments aujourd'hui détruits.
>
> Une description détaillée de ce volume a été donnée par M. de Geymüller (*Trois albums de Fra Giocondo* pp. 9-16) et cet iconographe distingué a appuyé de preuves probantes l'attribution de ces dessins à *Fra Giocondo*.
>
> Le volume a appartenu à ANDRÉ PALLADIO qui a écrit son nom à la fin du livre. M. de Geymüller suppose, sans certitude du reste, que le volume a appartenu à Raphaël puis à Jules Romain.
>
> De la bibliothèque de M. ACHILLE LECLÈRE.

200

395. Album de dessins de Fra Giocondo. *S. l. n. d.*, in-4, veau, tr. rouge (*Rel. anc.*).

> L'analogie que présentent les dessins contenus dans ce recueil et dans ceux qui précèdent, a amené M. de Geymüller (*Trois albums de dessins de Fra Giocondo*) à supposer que le célèbre architecte véronais avait contribué en grande partie à son exécution. Il suppose toutefois qu'il se fit aider dans ce travail par un de ses élèves.
>
> Le volume comprend 128 ff. chiffrés 1-127 (106 étant double) avec plus de 200 dessins de frises, colonnes (bases, chapiteaux, entablements), bas-reliefs, statues, vases, lampes, trépieds, etc. etc. Ces dessins sont à la plume avec rehauts de sépia.

GIOVANNI DA UDINE (Riccamatore dit).

École italienne (1487-1564)

/10

396. Plafond et panneau ornés d'arabesques dans le goût antique. Plume et sépia.

> H. 0.180 et 0.190. L. 0.160.

GIRODET DE ROUCY-TRIOSON (Anne-Louis).

École française (1767-1824).

397. Album de croquis. Pet. in-8, demi-rel.

> 36 feuilles de cet album portent des croquis au crayon noir. Vues de monuments, têtes d'après l'antique, paysages, etc.

avec 4 albums de croquis d'architecture

GLIZIER (P).

École française (XVIIIᵉ siècle).

398. Fonds de montres, avec sujets mythologiques, au milieu

d'ornements rocaille. Quatre dessins à la plume et à l'aquarelle. Signés.

De forme ronde. Diamètre 0.050. On y joint un dessin du même artiste, dessus de bonbonnière exécuté à l'aquarelle. H. 0.085. L. 0.100.

GRANET (François-Marius).

École française (1775-1849).

399. Vues de Rome et de Tivoli, prises en 1809 et 1810. Soixante-dix dessins à la sépia et à l'aquarelle en 2 vol. in-4, demi-rel. vélin.

GRAVELOT (Hubert Fr. Bourguignon, dit).

École française (1699-1773).

400. Encadrements de portraits richement ornés. Cinq dessins signés. A la plume, lavés d'encre de Chine.

Très beaux dessins exécutés par l'artiste pendant son séjour en Angleterre. Ils ont été utilisés pour servir d'encadrements aux portraits, par *Houbraken* et *Vertue*, des *Illustres personnages de la Grande-Bretagne*. Ces encadrements ont été exécutés pour les portraits de Walter Raleigh, de Sir Walsingham, du duc de Somerset, des ducs de Bedford.
H. 0.365. L. 0.225.

401. Jésus-Christ élevé sur la Croix. — Les saintes femmes au tombeau de Jésus-Christ. Projets de tableaux pour dessus d'autels. Deux dessins à la plume, avec rehauts d'aquarelle. Datés 1730.

H. 0.425. L. 0.335.

GUESDON, ARNOUT, ROUARGUE, etc.

École française (XIX⁰ siècle).

402. Recueil de vues des villes de France, d'Angleterre, d'Allemagne, de Belgique et de Suisse, 1847-1852. Cinquante-cinq dessins au crayon et à la plume rehaussés à la sépia, en un vol. in-fol. obl., demi-rel. dos et coins de mar. rouge, tête dor., éb.

HERTEL (Georges-Léopold).

École allemande (XVIIIe siècle).

40

403. Panneaux rocailles, avec paysages, colonnades, etc. Quatre dessins au crayon noir.

H. 0.325. L. 0.220.

HUET (Jean-Baptiste).

École française (1745-1811).

101

404. Dessus de portes ornés des attributs pastoraux et des attributs des beaux-arts. Deux dessins à la plume et à la sépia, signés et datés 1776.

H. 0.050. L. 0.165.

2/0

405. Trophées galants et champêtres. Six dessins à l'aquarelle, signés.

H. 0.155. L. 0.115.

11

406. Modèle de soupière. Le couvercle est surmonté d'un bouquet de fleurs et de fruits. La soupière, portée sur trois pieds arrondis, est ornée sur la panse, d'un sujet représentant Démocrite et Héraclite, dans un cartouche entouré d'arabesques et de guirlandes de fleurs. A la plume et à l'aquarelle.

H. 0.195. L. 0.265.

HUOT (F.).

École française (fin du XVIIIe siècle).

407. Grottes, pavillons rustiques, volières, grillages pour décorations de jardins. Trente dessins à la plume et à l'aquarelle.

Ont été gravés.

HURET (Grégoire).

École française (1610-1670).

8/

408. Titres de livres, scènes religieuses, portraits, etc. Treize dessins au crayon noir et à la sanguine.

JACOBS (Petrus).

École hollandaise (1753).

409. Marteau de porte composé ·d'un Bacchus jeune en relief sur un panneau de forme oblongue entouré d'arabesques. A la plume et à l'aquarelle. Signé et daté.

H. 0.220. L. 0.130.

JACQUES (Pierre).

École française (XVIe siècle).

410. ALBUM DE PIERRE JACQUES, sculpteur rémois, représentant des marbres antiques conservés à Rome au XVIe siècle. 1572-1577, in- 4 oblong, vélin. (*Rel. anc. restaurée*).

Précieux recueil de dessins exécutés au crayon et à la plume, quelques-uns relevés de sanguine ou de sépia, au r° et au v° d'un album comprenant 95 ff. (chiffr. 1-50, 52-83, 85-97), non compris 6 ff. blancs de garde.

Ces dessins sont exécutés d'après des monuments, surtout d'après des statues antiques, conservés dans les principales collections.de Rome, notamment celles des maisons Della Valle, des Cesi, des Carpi, des Bufaly, des palais Farnèse, du Capitole et du Belvédère.

Ils offrent une grande importance parce qu'ils nous font connaître en quel état se trouvaient, vers la fin du seizième siècle, beaucoup de statues et de bas-reliefs antiques qui sont aujourd'hui restaurés ou mutilés. Aussi ce recueil en révèle qui sont égarés ou détruits. Il indique également les collections célèbres du seizième siècle où se trouvaient conservées les belles œuvres de l'antiquité.

L'intérêt de l'album de Pierre Jacques a été surtout relevé et mis en lumière par M. A. Geffroy, directeur de l'École française de Rome qui a publié (*Mélanges d'archéologie et d'histoire, publiés par l'École française de Rome*, 1890) une notice sur Pierre Jacques, sculpteur rémois, qui jouit en son temps d'une grande célébrité, sur son album de dessins et sur différentes œuvres antiques reproduites par Pierre Jacques dans son recueil. Ce travail est accompagné de la reproduction de quatre des dessins de Pierre Jacques.

Le volume a été relié au commencement du XVIIe siècle, probablement par les soins de Nicolas Jacques, fils de Pierre. On lit sur l'une des gardes de la fin : *Ce livre contient 96 feuillets et vault 80 livres. Le tout dessiné à Rome après les antiques de la main de M. Pierre Jacques, mon pere.*

Sur le premier feuillet de garde on lit cette inscription d'une écriture du XVIIe siècle :

Ce present livre contenant quatre-vingt-seize feuillets a esté estimé de la valeur de cent livres par d'habiles connaisseurs, lequel a été désigné de la propre main de Piere Jaques fameux sculpteur sur les originaux des antiquitez de Rome à Rome même en l'année 1603, ledit Piere Jacques a fait le beau crucifix de la paroisse de St-Pierre, le maistre autel, la balustrade de séparation du chœur auec la nef, la belle épitaphe de la résurrection, l'autel de la chapelle de Ste-Anne a Nostre-Dame, un Christ en croix et une épitaphe de l'église de

St-Simphorien vis-à-vis le grand autel de la paroisse, et quantité d'autres beaux ouvrages dans les églises et paroisses de Reims.
Sur les feuillets de garde sont collés un dessin de *Biard père*, sculpteur, daté de 1603 et 2 dessins divers.

JOLIMONT (de), SANSONETTI, de GERENDE, etc.

École française (XIXᵉ siècle).

411. Modèles de meubles, armes, armures, pièces d'orfévrerie, faïences, etc. Cent-soixante-huit dessins au crayon, à la plume et à l'aquarelle, en 2 vol. in-4, demi-rel.

JULLIEN (J. L.).

École française (XVIIIᵉ siècle).

412. Recueil de vases inventés et dessinés par J. L. Jullien. 1790. Un titre et treize modèles de vases ornés sur cinq feuilles. Dessins à la plume avec rehauts de sépia. Signés et datés.

H. 0.240. L. 0.345.

KIRCHMAYER (Michel).

École allemande (XVIᵉ siècle).

413. Recueil de cartouches, panneaux ornés, portraits dans des encadrements, lambrequins, arabesques, etc. Suite de trente-six dessins à la plume, signés du monogramme et datés 1563 à 1568.

Le premier dessin porte un titre manuscrit en langue allemande.

KNIPS (J. Maximilien).

École allemande (XVIIᵉ siècle).

414. Calice en or émaillé et ciselé. A la plume rehaussé.

On lit sur le dessin : *Pour la cathédrale de Reims.*
H. 0.300. L. 0.190.

KONIG (Jean).

Ecole allemande (XVIIe siècle).

7o1

415. Galerie d'un curieux au dix-septième siècle. Tableaux, statues antiques, vases, meubles, etc. Plume et encre de Chine. Signé et daté 1640.

H. 0.250. L. 0.376.

LAGRENÉE (Louis-Jean-Fr.).

École française (1724-1805).

416. Frise dans le genre antique représentant la Victoire et le Génie militaire au milieu d'objets anciens, lampadaires, trépieds, urnes, casques, etc. A la plume et à l'encre de Chine avec rehauts, sur papier teinté.

H. 0.295. L. 0.530.

On y joint un dessus de porte avec panneau compris entre deux figures allégoriques.

LAJOUE (Jacques de).

École française (1686-1761).

417. PROJET DE FONTAINE. La vasque est supportée par des tritons et des néréides, qui s'étendent au-dessus de groupes d'hommes et de femmes. Sur la vasque un Silène assis sur un piédestal entouré de nombreux amours. A la plume et à l'encre de Chine. Signé et daté 1759.

H. 0.405. L. 0.285.

418. Escalier monumental dans un parc. A droite une fontaine avec vasque. Sur un des piliers de départ de l'escalier un vase monumental. A l'encre de Chine.

H. 0.210. L. 0.275.

LAINÉ (M.).

École française (XVIIIe siècle).

419. Modèle d'encensoir et de vase à encens. Deux dessins à la plume et à l'encre de Chine sur la même feuille.

A été gravé par *J. J. Balechou.*
H. 0. 290. L. 0.160.

N° 417

N° 420

LALONDE (de).

École française (XVIII⁰ siècle).

4/0   420. PROJET DE COFFRET A BIJOUX formant meuble. La partie supérieure est une armoire à deux vantaux, décorés de médaillons avec sujets allégoriques. Les pieds du meuble, réunis par une traverse, sont formés par deux colonnettes qui supportent deux autres colonnettes lesquelles portent la tablette supérieure du coffret. A la plume et à l'aquarelle.

H. 0.275. L. 0.205.

13   421. Petite table avec trophée de guerre. A la plume et à l'encre de Chine.

H. 0.192. L. 0.130.

360   422. CADRE DE GLACE. Le fronton est formé de guirlandes de fleurs et de branches de lis supportant un médaillon, couronné de roses, sur lequel se voit le chiffre de la reine Marie-Antoinette. A la plume et à l'encre de Chine avec lavis d'aquarelle.

H. 0.490. L. 0.320.

36/   423. CADRE DE GLACE. Le fronton est formé de guirlandes de fleurs, de gerbes d'épis et d'une couronne de lauriers retenue par un nœud de rubans. Les montants sont ornés de fleurs. A la plume et à l'encre de Chine, avec lavis d'aquarelle.

H. 0.480. L. 0.330.

17   424. Cadre de miroir dont le fronton est orné d'une marotte, de fleurs et de divers instruments de musique. A la plume et à l'encre de Chine.

H. 0.260. L. 0.165.

1/0   425. Vase d'orfèvrerie. La panse est garnie d'arabesques, le col et la base sont ornés de cannelures. L'anse est formé d'une figure de femme ailée assise sur des dauphins et dont les jambes se terminent en arabesques, qui forment les cornes d'un satyre dont la tête est appliquée sur la panse. A la plume et à l'encre de Chine.

H. 0.205. L. 0.165.

426. Chambre à coucher dans une grotte rustique, éclairée par le haut. Le fond du lit est décoré d'arabesques, à droite une sorte de cabinet avec divan. A la plume et à l'aquarelle.

H. 0.230. L. 0.165.

LEBARBIER (J. J. François).

École française (1738-1826).

427. Mercure. — Guerrier s'appuyant sur son bouclier. Bas-reliefs sculptés en marbre blanc sur fond de marbre vert. Deux dessins à l'encre de Chine et à l'aquarelle. Signés et datés 1781.

Ont été gravés en couleur par *Demarteau.*
De forme ovale. H. 0.610. L. 0.455.

LEBRUN (Charles).

École française (1619-1690).

428. Portrait de Louis XIV dans un riche encadrement avec figures allégoriques. Au crayon noir avec rehauts d'encre de Chine.

Le portrait du roi est simplement esquissé. L'encadrement est entièrement terminé.
On lit sur un piédestal : *Monument à l'honneur de Louis XIV composé et dessiné par Charles Le Brun,* P*er* *Peintre du Roi,* 1661.
H. 0.430. L. 0.305.

429. Frontispice d'un ouvrage sur les Beaux-Arts. A la plume et à l'encre de Chine. Signé.

A. 0.282. L. 0.182.

LEBRUN (Charles)?

430. Projet de plafond. Au milieu des quatre faces, les figures des quatre parties du Monde, assises sur des piédestaux flanqués de trophées. Le champ du plafond, dont le milieu est occupé par un Apollon volant, est traversé par le zodiaque. Dans les angles, des médaillons avec bas-reliefs. A la plume et à la sanguine, avec rehauts d'encre de Chine et d'aquarelle.

H. 0.395. L. 0.530.

LECOINTE (J. F. Joseph).

École française (1783-1858).

100

431. Dessins et aquarelles de Fr. Joseph Lecointe, architecte. (*Paris*, 1811-1854), in-fol., demi-rel. veau vert.

Ce recueil renferme 130 dessins, plans, élévations, coupes de maisons, hôtels, chapelles, etc., bâtis ou projetés par *Lecointe*.

20 dessins, bien exécutés à l'aquarelle, représentent un *Bateau du Prince Murat*, un *Chalet rustique*, un projet de *Théâtre des Arts*, un projet de *fontaine monumentale* à Paris, la vue d'une *salle de spectacle* dans *l'hôtel Beaumarchais*, une pendule Empire, etc.

15 gravures diverses gravées d'après les plans de *Lecointe* ajoutées.

LEMOINE (Jean-Baptiste).

École française (1704-1778).

240

432. Statue équestre de Louis XV, élevée sur la place royale de Bordeaux en 1743. A la mine de plomb et à la sépia avec rehauts de blanc. Encadré.

H. 0.740. L. 0.530.

LEPAUTRE (Jean).

École française (1617-1682).

433. Bénitiers, l'un formé d'une vasque supportée par deux anges, l'autre d'une vasque supportée par un ange. Deux dessins. A la plume et à l'encre de Chine.

Ces deux dessins ont été gravés dans l'œuvre de *Lepautre*. L'un d'eux est taché.

LEPAUTRE (D'après Jean).

434. Projet d'alcove sur une estrade. Dans le fond, un lit dont le baldaquin est surmonté de la fleur de lis. Sur le devant, deux séraphins portent la couronne de France. A la plume, relevé d'encre de Chine.

H. 0.160. L. 0.210.

LESPILLIEZ (Ch. Albert).

École française (XVIII siècle).*

200

435. Livre d'études appartenant à Charles-Albert de Lespilliez,

architecte de son A. S. E. de Bavière. 1754. In-fol., basane.

Ce volume comprend environ 80 feuillets de papier blanc, sur lesquels sont appliqués de nombreux croquis sur papier calque : décorations intérieures, projets de palais, théâtres, églises, portes, fontaines, reproductions d'anciens palais, etc., etc.

Ces calques ont été pris en grande partie sur les dessins de *Cuvilliés*, dont *Lespilliez* était l'ami intime. Il grava même une partie de l'œuvre de cet artiste ornemaniste.

LIÉNARD (J.).
École française (XIXᵉ siècle).

436. Modèle de prix de course ; toilette ; cheminée de salon ; cartouches ; frise, etc. Douze dessins à la plume et avec rehauts d'encre de Chine et d'aquarelle.

MARCOULLE (?).
Ecole française (XVIIᵉ siècle).

437. Modèles de dessus de portes et de fenêtres avec trophées, mascarons, gaines, etc. Moitié d'un portique supporté par quatre colonnes. Dix-sept dessins à la plume et au lavis, signés et datés 1602, sur la même feuille.

On cite au XVIIᵉ siècle un artiste arquebusier du nom de *Marcou.*
H. 0.330. L. 0.215.

MARILLIER (Clément-Pierre).
École française (1740-1808).

438. Encadrement d'un portrait d'une princesse de Savoie. Ovale avec ruban surmonté de palmes contenu dans un encadrement rectangulaire. Tablette ornée de roses. A la sépia. Signé.

H. 0.160. L. 0.105.

439. Encadrement du portrait du maréchal de Cossé-Brissac. A la plume et à l'encre de Chine. Signé.

H. 0.160. L. 0.105.
On y joint un dessin à la plume, encadrement avec armoiries dans le bas.

MAROT (Daniel).

École française (1655-1718).

/ *o*

440. Pavillon de forme octogonale dans un jardin. On y accède par un perron de huit marches avec rampes en fer forgé. Au dessus de la porte d'entrée, un écusson surmonté d'une couronne. A droite et à gauche de cette porte, statues de Cérès et de Pomone. A la plume et à l'aquarelle. Signé.

H. 0.510. L. 0.360.

420

441. PROJET DE PLAFOND. D'un cadre rectangulaire se détache une balustrade terminée par deux coquilles. Sur les faces, des groupes d'hommes et de femmes représentent les quatre parties du monde. Au milieu, dans un ovale, Apollon, la Renommée et divers Génies. A la plume, lavé d'encre de Chine. Signé et daté : Amsterdam, 1er juillet 1712.

H. 0.310. L. 0.495.

400

442. PROJET DE PLAFOND. Au centre, dans un caisson rectangulaire, une balustrade ornée de vases de fleurs. Autour du caisson entouré d'un lambrequin, une bordure avec animaux divers. Dans les angles, quatre vases ornés portés par des consoles. A la plume et à l'aquarelle. Signé.

H. 0.440. L. 0.595.

3//

443. Projet de plafond avec balustrade ornée dans les écoinçons d'écus, surmontés de bustes de femmes entourées de cornes d'abondance. Dans la partie centrale un cartouche avec rosace au milieu de rinceaux. A la plume et à l'aquarelle.

H. 0.210. L. 0.280.

4/

444. Fragment de voussure d'un plafond avec portrait d'un prince dans un médaillon. A la plume et à l'aquarelle.

H. 0.210. L. 0.320.

20 "
40 "

445. Modèles de hanaps et de verres à boire avec couvercles. Ils sont ornés de trophées, médaillons, sujets de chasse, etc. Sept dessins à la plume avec rehauts d'encre de Chine.

Dimensions diverses.

MARTIN (P.-D.).

École française (XVIIIᵉ siècle).

446. Vue d'un château-fort du moyen-âge élevé sur des rochers, près d'une petite rivière qui passe sous un pont en ruines. Au premier plan, deux pêcheurs et deux femmes. Au crayon. Signé et daté 1750.

H. 0.285. L. 0 460.

MEISSONNIER (Genre de).

École française (XVIII siècle).

447. Projet de flambeau de style rocaille. A la sanguine.

H. 0.360. L. 0.240.
On y joint un modèle de fauteuil en tapisserie, dessin à la sanguine.
H. 0.320. L. 0.250.

MITELLI (Agostino).

École italienne (1609-1660).

448. Montants d'ornements, avec trophées militaires. Six dessins sur trois feuilles, à la plume et à la sépia.

H. 0.335. L. 0.078.

MOITTE (Jean-Guillaume).

École française (1747-1810).

449. Frise formée d'arabesques parmi lesquelles sont représentés des Centaures enlevant les Lapithes, des femmes jouant de la trompette, des Amours, etc. A la plume, rehaussé d'encre de Chine sur fond noir.

H. 0.090. L. 0.415.

450. Un mariage dans l'antiquité. A la plume avec rehauts de sépia sur fond noir.

H. 0.115. L. 0.260.

MONNET (Charles).
École française (1732-1816).

451. Plan d'une ville imaginaire entourée de parcs, jardins, pièces d'eau, etc.

Ce plan au lavis est entouré d'une bordure formée d'une baguette de feuilles de lauriers et de perles et porte aux angles supérieurs deux figures de femmes et dans le bas deux cartouches pour inscriptions, exécutés à la sépia. Encadrement et figures sont seuls l'œuvre de *Monnet*.
H. 0.705. L. 0.430.

MOREAU le Jeune (J.-Michel).
École française (1741-1814).

452. Cartouche d'angle pour carte géographique. A la plume, rehaussé de sépia. Signé et daté 1770.

H. 0.182. L. 0.240.

NICOLE (V.-J.)
École française (XIX siècle).

453. Vues de Rome, Venise, Florence, Bologne, Naples, etc. Deux cent-soixante-quatorze dessins à la plume, au bistre et à l'aquarelle. En 2 vol. in-4, veau marbré.

454. Ruines d'un château féodal. Aquarelle sur trait gravé. Signé et daté 1824. Encadré.

H. 0.530. L. 0.420.

NILSON (J.-E.)
École allemande (1788-1825).

455. Modèles pour l'orfèvrerie et la bijouterie, bordures de cadres, éventails, etc., dessinés à la plume et à l'aquarelle par J. E. Nilson. *S. d.* (1740 à 1754), in-4, vélin.

Très précieux recueil de 168 très jolis dessins de *Nilson*, la plupart à l'aquarelle et à l'encre de Chine, le trait à la plume ; modèles de tabatières, avec sujets gracieux, militaires et autres, couvercles de bonbonnières, boîtes de montres, chatelaines, éventails, etc., etc.

Le volume débute par le dessin original, à la sanguine, de l'encadrement d'un portrait; il se termine par une série de 14 costumes au crayon noir.

J. Nilson, peintre et graveur d'Augsbourg, a composé et gravé une multitude de rocailles qui sont les chefs-d'œuvre du genre.

NOORT (Louis Van).

École flamande (XVIe siècle).

456. La naissance d'un enfant; les femmes s'empressent de le laver. Dessin pour vitrail, à la plume avec rehauts de lavis bleu. Signé des initiales L. V. N. et daté 1557.

De forme ronde. Diam. 0. 270.

NORRY (Charles).

École française (1756-1830?)

457. Esquisse d'un salon des Muses projeté pour être exécuté chez M. Boyer à Toulouse. A la plume et à l'aquarelle. Signé et daté 1790 ?

H. 0.150. L. 0.190.

OPPENORT (Gilles-Marie).

École française (1672-1742).

458. Projet de décoration de la salle des Gardes de l'Electeur de Cologne, comprenant une partie d'une porte, d'une fenêtre et de leurs dessus. A la plume.

Gravé dans l'œuvre.
H. 0.370. L. 0.235.

459. Voussure de plafond ornée de sphinx, de tritons, de joueurs de mandoline, d'ours dansants, etc. A la plume. Signé

Nombreuses annotations manuscrites.
H. 0.285. L. 0.450.
On y joint un dessin du même artiste : Bordure de plafond avec coquille et vase dans les angles, jeux d'amours, consoles drapées, etc., dessin à la plume.
H. 0.120. L. 0.820.

460. Panneau orné d'arabesques et d'animaux divers, avec milieu

Nº 467

ovale réservé au centre de la composition. A la plume, à l'encre noire et à l'encre rouge.

H. 0.205. L. 0.270.

3

461. Montant d'ornements où sont représentés deux hommes sur un piédestal, soutenant un vase d'où sortent des feuilles d'acanthe. A la plume.

H. 0.485. L. 0.185.

462. Études d'architecture. Cartouche avec trophée pour voussure, agrafes, masques, groupes d'amours et de chèvres, etc. Sept dessins et croquis à la plume sur la même feuille.

H. 0.290. L. 0.440.

120

463. Attique d'une porte du salon du prince Chigi à Rome. Elle est surmontée d'un buste de Minerve. Au crayon.

H. 0.400. L. 0.265.

464. Attique de porte exécutée à Bologne avec niche contenant un buste d'homme. Au crayon. Signé.

H. 0.410. L. 0.210.

150

465. Modèles de trois cheminées, surmontés de trois glaces avec cadres sculptés et frontons. Sur le côté de deux des glaces des appliques à plusieurs lumières. A la plume.

H. 0.566. L. 0.440.

380

466. GRAND RÉGULATEUR en bois garni de bronze. Le cadran est entouré de trois amours ; le coffre dont la base est rectangulaire est orné, dans le milieu, d'une figure de femme, dans la partie inférieure, d'une tête d'animal et sur les côtés de volutes, de fleurs, feuilles, etc. A la sanguine.

H. 0.550. L. 0.200.

260

467. MOITIÉ D'ARMOIRE, avec panneaux en marqueterie, ornée sur le devant d'une figure de femme agenouillée, supportée par une console. A la sanguine.

H. 0.405 L. 0.230.

4/0

468. PROJET DE CARTEL vu de face et de profil. Il est orné dans le haut d'un médaillon avec profil d'empereur romain ;

dans le bas, sur une volute, d'une figure d'homme personnifiant le Temps, et sur les côtés de deux coqs les ailes étendues.
A la plume et au lavis d'encre de Chine.

H. 0.370. L. 0.295.

469. Modèle de cadre de forme ovale orné de branches de feuillages, de torches, et dans le haut d'un médaillon avec portrait
de femme surmonté d'un nœud formé de la ceinture de
Vénus. A la plume.

H. 0.220. L. 0.160.

470. Moitié d'un cadre de glace orné au fronton, sur les côtés et
dans le bas de cartouches de forme ronde. Dans celui du bas
sont dessinées les armoiries du duc d'Orléans. A la plume, à
l'encre rouge.

H. 0.360. L. 0.190.

471. Moitié de la partie supérieure d'un cadre de glace ; le fronton est formé d'une tête de Méduse ailée, derrière laquelle se
croisent deux trompettes avec couronne passée dans le tube.
Au crayon rouge.

H. 0.360. L. 0.235.

472. Deux supports ou feux de cheminée. Plaque ornée d'une
tête de satyre au milieu d'arabesques. Trois dessins à la
plume à l'encre rouge sur la même feuille.

H. 0.305. L. 0.205.

473. Gaine formée d'une femme revètue d'une tunique de peau
de lion, dont la partie inférieure du corps se termine en cannelures. La gaine, surmontée d'un chapiteau, supporte un
vase orné de lions et entouré d'un serpent. A la plume
avec lavis d'encre de Chine et d'aquarelle.

H. 0.425. L. 0.120.

474. Projet d'autel surmonté d'un cadre pour tableau religieux
avec fronton orné de la couronne royale. L'autel est placé
sous un dais supporté par des colonnes torses, orné de draperies et de lambrequins fleurdelysés. A gauche de l'autel,
deux statues de St-Jean et d'un Apôtre. A la plume.

H. 0. 420. L. 0.210.

40   475. Projets de tombeaux et sépultures. Seize dessins au crayon
          noir, en un vol. in-4, cart.

> Ces dessins sont exécutés au vᵒ de la suite des planches de *G. Battista
> Montano* intitulée : *Raccolta de Tempii et Sepolcri disegnato dall'Antico*
> La signature d'*Oppenort* se trouve sur le titre.

PANINI (Fr.).
École italienne (XVIIIᵉ siècle).

80   476. Galerie peinte par Annibal Carrache au palais Farnèse à
          Rome. A la plume avec rehauts d'encre de Chine.

> A été gravé par *Volpato* en 1777.
> H. 0. 410. L. 0. 263.

PERCIER (Charles).
École française (1764-1838).

/0   477. Modèles de décorations de salons, chambres à coucher,
          portiques, etc. Onze dessins à la plume et à l'aquarelle.

17   478. Tombeau du statuaire Chaudet. Face principale avec por-
          trait de Chaudet et détails d'exécution. A la plume, à l'encre
          de Chine et à l'aquarelle.

> H. 0. 270. L. 0. 290.

PERELLE (Nic.).
École française (XVIIᵉ siècle).

116   479. Vue du grand parterre et de la demi-lune du château de
          Richelieu en Poitou. A la plume. Cadre en bois sculpté.

> A été gravé dans l'œuvre de *Pérelle.*
> H. 0. 170. L. 0. 270.

PERUZZI (Baldassare) ?
École italienne (1481-1536).

82   480. Arc de Constantin à Rome. A la plume.

> H. 0. 205. L. 0. 350.
> On y joint deux dessins d'arcs, dont un par *V. de Vriese.*

6

PETITOT (E.-A.).
École française (XVIIIᵉ siècle).

481. Reconstitution des merveilles du monde. Vingt-huit dessins à la plume et au crayon exécutés en 1811, en un vol. pet. in-fol., cart.

Reconstitution des Jardins de Babylone, du Tombeau de Mausole, des Temples de Diane et de Jupiter et du colosse de Rhodes.

PICART (Bernard).
École française (1673-1733).

482. Adresse richement ornée. Deux cariatides supportent une draperie surmontée d'un masque. Au bas, des attributs militaires. A la plume et au lavis d'encre de Chine.

A été gravé.
H. 0. 110. L. 0. 135.

483. Cul-de-lampe orné d'amours jouant du tambour de basque. A la plume et à l'encre de Chine.

H. 0. 100. L. 0. 130.

PIERRE (Jean-Baptiste).
École française (1714-1789).

484. Tablette de cheminée en marbre avec décoration en porcelaine de Saxe, Amours se jouant au milieu des fleurs, torchères sortant de vases à décors chinois, etc. A la plume et à l'aquarelle. Signé.

H. 0. 255. L. 0. 310.

485. Balustrade pour église ou monument religieux avec statues, groupes, écussons, vases, etc. Deux dessins à la plume rehaussés sur la même feuille. Signés.

H. 0. 300. L. 0. 490.

PILLEMENT (Jean).
École française (1727-1808).

486. Fleurs de fantaisie accompagnées d'oiseaux dans le genre

chinois. Sept dessins à la mine de plomb, signés et datés
1770.

H. 0. 320. L. 0. 225.

60

487. Panneau en hauteur avec escarpolette chinoise dans un
paysage imaginaire. A la plume et à l'aquarelle.

H. 0. 320. L. 0. 185.

18/

488. Fond et dossier de canapé en tapisserie, ornée de fleurs et
de fruits. Deux dessins au crayon noir et à l'aquarelle.

H. 0. 290. L. 0. 135.

200

489. Fonds et dossiers de fauteuil en tapisserie, ornée de bouquets de fleurs et de rubans. Trois dessins au crayon noir et
à l'aquarelle.

PINEAU (Nicolas).
École française (1684-1754).

2/

490. Face d'un des salons de la Reine, du côté de la cheminée,
surmontée d'une glace avec cadre décoré d'une guirlande de
feuillage. A droite et à gauche, trois panneaux en boiseries
avec motifs dans le milieu. A la plume avec rehauts à l'encre
de Chine.

H. 0. 200. L. 0. 240.

18/

491. Projets de décorations de salons avec glaces, de boiseries, de portes avec dessus ornés, etc. Deux dessins à la
plume.

H. 0. 245. L. 0. 360.

PIPPI (Giulio), dit JULES ROMAIN.
École italienne (1492-1546)

1/0

492. Bas-relief formé d'un satyre supportant une console. La
partie inférieure du satyre se termine en arabesques de
feuillages. A la plume et à la sépia.

De la collection MARIETTE.
H. 0. 215. L. 0. 160.

180

493. Projet de salière en forme de nacelle dont la proue et la poupe sont décorées de sirènes. Elle repose sur des flots où s'agitent des poissons. Cette salière est comprise entre deux colonnes cannelées, surmontées de sirènes, dont les chapiteaux sont reliés par une guirlande. A la plume et à la sépia.

De la collection de MARIETTE.
H. 0. 355. L. 0. 295.

PIRANESI (Giambattista).

École italienne (1720-1778).

2

494. Salle en forme de théâtre où de nombreux individus subissent les supplices les plus extraordinaires. A la plume.

A été gravé à l'eau-forte par l'artiste.
H. 0.550. L. 0.600.

PORTAZZI (Stephano).

École italienne (XVI° siècle).

76

495. Encadrement du portrait du pape Pie IV. A la plume et à sépia.

A droite et à gauche de l'ovale destiné à contenir le portrait, deux figures allégoriques de la Prudence et de la Renommée.
H. 0.400. L. 0.270.

POUSSIN (Nicolas).

École française (1594-1665).

60

496. Projet de plafond à compartiments. Dans les compartiments sont représentés le Temps, les Éléments, les Saisons. A la plume, relevé d'aquarelle et de sanguine.

On lit à gauche d'une écriture du XVII° siècle : *Plafond de Nicolas Poussin.*
H. 0.400. L. 0.305.

PRIEUR (Louis).

École française (XVIII° siècle).

36

497. Montant d'ornements avec arabesques, médaillons, hémi-

cycle avec statuette au centre, etc. A la plume avec rehauts de sépia et de blanc sur papier teinté.

H. 0.430. L. 0.125.

700

498. Montants d'ornements avec amours, chimères, entrelacs d'arabesques et de feuillages. A la plume et à l'aquarelle.

H. 0.310. L. 0.090.
On y joint un dessin du même artiste : Dessus de porte avec deux amours montés sur deux dragons. A la plume et à l'aquarelle. H. 0.115. L. 0.200.

PRUNIÉ, serrurier de Bordeaux.

École française (XVIIIe siècle).

20

499. Grille entourant la statue de Louis XV, élevée à Bordeaux. A la plume et à l'encre de Chine. Signé et daté 1751.

H. 0.215. L. 0.550.

QUÉVERDO (François-Marie).

École française (1740-1797).

32

500. PANNEAUX EN HAUTEUR. Chacun d'eux est orné au bas de deux autels circulaires consacrés à l'Amour et à la Folie. Ces autels sont supportés par des femmes se terminant en rinceaux qui, s'élevant de chaque côté des panneaux, supportent un baldaquin surmonté d'un médaillon avec sujet allégorique. Deux dessins à la plume et à l'aquarelle sur la même feuille.

H. 0.900. L. 0.465.

28

501. Panneaux ornés en hauteur. Le premier comprend un arbre portant des oiseaux et divers médaillons ; le second, un tableau recouvert d'une draperie surmontant un vase doré et couronné par une figure de femme tenant deux globes ; le troisième et le quatrième portent deux panneaux avec scènes mythologiques, surmontés de deux médaillons, l'un avec Apollon, l'autre avec un taureau. Quatre dessins à l'aquarelle sur deux feuilles.

H. 0.380. L. 0.240.

RANSON.

École française (XVIIIe siècle).

502. Trophées des sciences et des arts, trophées champêtres. Trente-six dessins à l'aquarelle sur six feuilles.

Dimensions de chaque feuille : H. 0.315. L. 0.205.

503. Panneau en hauteur avec terme de satyre surmonté d'un baldaquin de treillage et d'arabesques. A l'aquarelle.

H. 0.390. L. 0.150.

504. Panneaux décoratifs ornés de figures de femmes au milieu de guirlandes de fleurs, d'amours, de vases, etc. Neuf dessins de différentes dimensions à la plume. Huit sont lavés à l'encre de Chine et un à la sépia.

H. 0.150 à 0.450. L. 0.150 à 0.225.

505. Cartouche ornementé, porté sur un socle en pierre placé au milieu de fleurs et d'arbustes. A l'aquarelle.

Le cartouche est surmonté et entouré de guirlandes de fleurs. Au milieu, sur un fond bleu, un chiffre formé des lettres : G. L. M. entrelacées.
H. 0.370. L. 0.225.

506. Médaillon de forme ovale, soutenu par des guirlandes de fleurs formant entourage et par des rubans. A la plume et à l'aquarelle.

H. 0.265. L. 0.325.

ROMANELLI (Giovanni-Francesco).

École italienne (1610-1662).

507. Projet de plafond. Le milieu de forme ovale représente une scène mythologique. Dans les écoinçons, des médaillons avec têtes de femmes ; dans les bordures, des amours tenant des guirlandes de fleurs et des figures nues supportant des médaillons. A la plume et à l'aquarelle.

Au v°, croquis d'un plafond, dessin à la sanguine.
H. 0.360. L. 0.250.

RUBENS (Pierre-Paul).

École flamande (1577-1640).

2620 f

508. PETRI PAULI RUBENI ARCHITECTURÆ STUDIA ET DELINIATIONES MANU PROPRIA. *S. l. n. d.*, in-fol., veau, fil., milieux, tr. dor. (*Rel. anc.*)

> Ce titre imprimé est placé en tête d'un recueil de 127 feuillets contenant plusieurs centaines de croquis à la plume et à la sépia, représentant des fenêtres, portes, écussons, autels, dômes, clochers, etc.
>
> Ces dessins doivent avoir été faits par l'artiste pendant son séjour en Italie, alors qu'il dessinait les monuments de la ville de Gênes.
>
> Le recueil est précédé d'un portrait de Rubens par W. *Hollar* et d'un frontispice par *Rubens*.
>
> De la bibliothèque BREADALBANE.

SAINT-AUBIN (Gabriel de).

École française (1724-1780).

40

509. Projet de lit d'alcove avec baldaquin supporté par deux cariatides. Le fond du lit est orné d'une tapisserie avec amours ; le devant, d'une balustrade près de laquelle est posé un brûle-parfums. A droite de l'alcove, une glace garnie de draperies. Au crayon noir rehaussé d'encre de Chine.

> H. 0.370. L. 0.270.

SAINT-AUBIN (Germain de).

École française (1721-1786).

18/

510. Panneaux en hauteur avec trophées composés d'objets relatifs aux arts de la sculpture et de la gravure. Deux dessins au crayon noir avec rehauts de blanc sur papier bleuté. Signés à la plume.

> H. 0.600. L. 0.340.

3//.

511. Panneaux en hauteur avec trophées allégoriques des sciences et des arts. Deux dessins au crayon noir avec rehauts de blanc sur papier bleuté. Signés à la plume.

> H. 0.590. L. 0.425.

SALEMBIER.

École française (XVIIIe siècle).

200

512. Grand vase servant de base à une torchère. Il est orné de deux anses en forme d'arabesques s'appuyant sur des têtes de femmes. Ce vase est décoré de frises avec arabesques, cannelures, godrons, etc. A la plume et à l'aquarelle.

H. 0.500. L. 0.250.

513. Modèles de quatre chandeliers ornés d'amours et de divers attributs militaires et musicaux Deux dessins à la plume et à la sépia sur papier teinté à la sépia.

Un des chandeliers porte le chiffre du roi Louis XVI.
H. 0.240. L. 0.400.

514. Modèle de calice orné de divers emblèmes religieux. Le pied est décoré, dans le pourtour, de quatre têtes d'anges. A la plume et à la sépia. Signé.

H. 0.420. L. 0.250.

515. Projet de tombeau pour le roi Louis XV. Un médaillon avec le portrait du souverain est placé au milieu d'une niche formée par deux colonnes d'ordre dorique. Au pied divers esclaves enchaînés. Dans le haut un Génie et un Amour portant la couronne royale. A la plume et à la sépia.

H. 0.440. L. 0.270.

516. Modèle de plafond de forme rectangulaire avec angles abattus. Au centre sous un portique, un guerrier debout devant un génie qui tient un livre ouvert. A la plume et à la sépia.

H. 0.245. L. 0.420.

SALVÉ (Gilles).

École française (XVIIe siècle).

517. Reigles des cinq ordre (*sic*) d'architecture faicte par Gille Salvé. 1662, in-fol., veau marbré.

Très important recueil de 75 dessins à la plume et avec rehauts de sépia dont le titre ci-dessus, inscrit dans un cartouche réservé dans un frontispice très orné, ne donne qu'une idée imparfaite.

Les 27 premières feuilles sont consacrées aux différents ordres. A la suite l'artiste a reproduit des plafonds, portes, grilles, tombeaux, alcoves, cheminées de palais et d'hôtels célèbres tant à Paris qu'à Versailles.

SAMBIN (Hugues).

École française (XVIe siècle).

518. Cartouche de forme ovale contenant un socle destiné à un buste compris dans un encadrement de forme rectangulaire avec fronton, volutes, urne, etc. Sur un entablement des amours assis tenant des torches. Au-dessous du cartouche une plaque pour inscription. A la plume, lavé de bleu.

H. 0.370. L. 0.210.

519. Manière de prendre les repas chez les anciens, d'après des monuments antiques. Deux dessins à la plume. Signés.

H. 0.075 et 0.095. L. 0.125.

On y joint deux dessins du même artiste: Modèles de bijoux en forme de losange portant au centre une tête de femme.

SCHMETZ.

Augsbourg (XVIIIe siècle).

520. Modèles de Croix en or et pierres fines. Cinq dessins à l'aquarelle.

On y joint un dessin du même artiste : Projet d'ostensoir

SANSOVINO, dit Jacopo Falti.

École italienne (1477-1570).

521. Projet d'un cadre dont l'intérieur est cintré ; il est décoré de colonnes cannelées. Le fronton est composé d'une sirène sortant d'un panier. A la plume et au bistre.

H. 0.330. L. 0.210.

SERVANDONI (Jean-Jérôme).

École française (1696-1766).

522. Projet de palais ; élévation du côté des jardins. Il com-

prend un corps de bâtiment principal surmonté d'une coupole, relié à deux bâtiments de moindre importance par deux galeries à arcades. A la plume et à l'encre de Chine. Signé et daté 1744.

H. 0.420. L. 0.800.

SLODTZ (René-Michel).
École française (1705-1764).

523. Projet d'arc triomphal aux armes de France. Il se compose de trois portes grandes et petites comprises entre des colonnes d'ordre composite. Le couronnement de l'Arc est formé par la Renommée, sa trompette à la bouche, enlevée par Pégase. Autour du monument, groupes de statues représentant les Vertus. A la plume et à l'aquarelle.

H. 0.405. L. 0.420.

SOLIS (Virgile).
École allemande (1514-1577).

524. Scène mythologique. Combat dans les nuages. A la plume. Signé des initiales et daté 1557.

On y joint quatre dessins d'emblêmes compris dans des cadres ornementés exécutés à la plume et à l'encre de Chine, par un artiste allemand du XVIIe siècle.

H. 0.135. L. 0.185.

SPON (Jacob).
École française (1647-1685).

525. Dessins d'antiques, statues, bas-reliefs, médailles, etc. En un vol. pet. in-fol., veau fauve. (*Rel. anc.*)

Ces dessins furent exécutés par l'antiquaire Spon pendant ses voyages en Italie, en Dalmatie, etc. Il y a joint un certain nombre de notes manuscrites et de feuilles de croquis représentant également des antiquités.

De la vente ACHILLE LECLÈRE.

TARAVAL (Gustave).
École française (*XVIIIe siècle*).

526. Coupe d'un petit hôtel (*petite maison*) de l'époque Louis XVI

N° 530

avec grand salon richement décoré avec glace, portes à doubles vantaux, corniches, avec frise d'amours et œils de bœuf, vestibule avec statue, salle de verdure. A la plume et à l'aquarelle.

H. 0.240. L. 0.370.

527. Façade et coupe d'un pavillon circulaire avec dôme et colonnade intérieure et extérieure. Au centre, statue de roi. Au pourtour et au-dessus de la balustrade extérieure nombreuses statues de femmes. A la plume et à l'encre de Chine.

H. 0.230. L. 0.360.

528. Façade et coupe d'un pavillon circulaire avec colonnade intérieure et extérieure. Dessus de portes, corniches, entre colonnes décorés avec statues et reliefs. Deux dessins. A la plume, à l'encre de Chine et à l'aquarelle.

H. 0.255. L. 0.400.

529. Façades et coupes de divers bâtiments, la plupart décorés à l'aide de colonnades et de hauts-reliefs. Cinq dessins à la plume et à l'aquarelle.

530. FACE D'UN GRAND SALON. Au milieu une cheminée surmontée d'une pendule et d'une glace avec fronton composé d'un cartouche soutenu par deux Amours. A droite et à gauche de la cheminée, une porte à deux vantaux avec boiseries sculptées. Les portes sont surmontées de motifs décoratifs en relief, représentant des femmes assises aux côtés d'un trépied brûle-parfums. A la plume et à l'aquarelle. Signé.

H. 0.410. L. 0.500.

531. GRAND SALON AVEC PLAFOND VITRÉ. La décoration comprend des colonnes d'ordre ionique séparées par des glaces, des panneaux avec médaillons ornés de têtes d'homme et de femme et des niches avec grandes torchères soutenues par des statues de femmes. La cheminée est surmontée d'une glace cintrée par le haut. Sur la tablette une statuette de l'Amour au milieu de fleurs. La voussure du plafond est décorée de cartouches avec le chiffre F. B. A la plume et à l'aquarelle. Signé.

H. 0.255. L. 0.430.

532. Fond de salon orné de trois grandes fenêtres vitrées et garnies de rideaux avec lambrequins. Entre les fenêtres deux grandes torchères supportées par des femmes posées sur des fûts de colonne. A la plume et à l'aquarelle. Signé.

H. 0.390. L. 0.600.

533. Projet de décoration pour salle à manger avec poêle dans une niche. — Décoration d'un salon lambrissé du côté de la cheminée. Deux dessins à la plume et à l'aquarelle.

H. 0.150. L. 0.350.

534. Décoration de chambre à coucher. Moitié d'un des côtés avec alcôve drapée et porte avec dessus compris entre deux colonnes d'ordre ionique. Moitié du côté avec cheminée et glace également avec porte et dessus compris entre deux colonnes. Deux dessins à la plume et à l'aquarelle.

H. 0.300. L. 0.215.

535. Grande galerie formant bibliothèque. Au milieu, dans une niche entre deux colonnes, est placé sur un fond de draperie un buste avec un piédestal. A droite et à gauche deux portes à deux vantaux surmontés de motifs allégoriques en relief. A la plume et à l'aquarelle.

H. 0.215. L. 0.620.

536. Vue d'une grande salle avec colonnade d'ordre ionique. Les entre colonnements sont garnis de bustes posés sur des piédestaux de forme rectangulaire. Une tribune avec double escalier occupe le milieu de la salle. Le plafond, en partie vitré, est orné dans la corniche de compartiments carrés avec rosaces, et dans les écoinçons de médaillons, avec têtes de personnages, soutenus par des femmes en relief. A la plume, à l'encre de Chine et à l'aquarelle.

H. 0.370. L. 0.660.

537. Modèles de cheminées avec jambages cannelés et tablettes ornées de têtes de femmes et de satyres et de branches de feuillages. Deux dessins à la plume et à l'encre de Chine.

H. 0.170. L. 0.255.

538. Projet de château d'eau formé d'un bâtiment élevé au bord

d'une rivière. Le devant de ce bâtiment comprend une niche avec chute d'eau, devant laquelle se trouve une colonnade en demi-cercle. Le bâtiment principal, avec portes surmontées de motifs allégoriques, a pour amortissement un groupe formé d'une femme dans une nacelle accotée de deux sirènes. A la plume et à l'aquarelle.

H. 0.290. L. 0.450.

On y joint un dessin du même artiste : Coupe d'une salle rocaille supportée par des colonnes d'ordre dorique avec fontaine dans le milieu. A la plume et à l'aquarelle.

H. 0.270. L. 0.420.

539. Projet de château d'eau comprenant un bâtiment à trois corps. Celui du milieu est précédé d'une colonnade semi circulaire et surmontée d'un écusson aux armes de Suède. A la plume et à l'aquarelle.

H. 0.280. L. 0.520.

540. Projet d'arc de triomphe en l'honneur de la République. Il est à trois ouvertures cintrées, une grande et une petite, comprises entre des colonnes d'ordre dorique. L'amortissement supérieur comprend un piédestal circulaire sur lequel repose un groupe formé de la République tenant les tables de la loi, et de la Renommée. Sur la face de l'arc, quatre statues représentent la Liberté, la Concorde, la Fraternité et l'Indivisibilité. A la plume et à l'aquarelle. **Signé.**

H. 0.365. L. 0.505.

541. Projet d'arc de triomphe aux armes de Suède. Les ouvertures, de dimensions inégales, sont séparées par des colonnes d'ordre dorique. Au-dessus de la porte principale, un groupe formé d'un souverain dans un char. A la plume et à l'aquarelle.

H. 0 295. L. 0.340.

542. Entrée de chapelle en forme de demi-cercle surmontée d'une coupole supportée par quatre colonnes cannelées d'ordre ionique. Sur le devant, porte à deux vantaux avec boiseries sculptées. A la plume et à l'encre de Chine. **Signé.**

H. 0.330. L. 0.250.

3 543. Projets d'églises. Plan, coupe et façades. Cinq dessins à la plume et à l'aquarelle.

f 10 544. LIT A TROIS FACES, en bois sculpté, avec baldaquin en bois sculpté garni de plumes et de motifs allégoriques. Le lit est entouré de lourdes draperies avec festons et guirlandes. A la plume et à l'aquarelle. Signé.

H. 0.590. L. 0.400.

40 ,545. Projet d'orgue monumental pour église. Il est supporté par quatre colonnes d'ordre ionique. Les tuyaux sont séparés par huit colonnes d'ordre composite, entre lesquelles sont des statues de femmes jouant de divers instruments. Au milieu, sur un piédestal circulaire, une statue du roi David jouant de la harpe. L'orgue est surmonté de trois groupes d'anges et de femmes tenant des instruments. A la plume et à l'aquarelle. Signé.

H 0.640. L. 0.350.

546. Projet de chaire à prêcher placée sous une arcade. L'abat-voix, orné d'un groupe représentant la Foi, est supporté par quatre colonnes ioniques. La chaire est soutenue par deux anges assis. Le fond est formé d'une draperie. A la plume et à l'aquarelle.

H. 0.430. L. 0.270.

547. Projet de chaire à prêcher placée sous une arcade. L'abat-voix, surmonté d'un groupe représentant la Foi, est supporté par quatre colonnes d'ordre corinthien. La chaire est soutenue par trois statues d'anges debout. A droite et à gauche, statues de Moïse et de Saint-Pierre. A la plume et à l'aquarelle.

H. 0.435. L. 0.270.

548. Vase de jardin orné dans la partie supérieure de grappes de raisins, sur la panse de têtes de béliers, et à la base de feuilles de laurier. A la plume et à l'aquarelle. Signé des initiales.

H. 0.250. L. 0.175.

549. Projet de mausolée en forme de pyramide. La porte d'entrée occupe le centre d'une colonnade demi-circulaire. A la plume et à l'aquarelle. Signé.

H. 0.260. L. 0.420.

THIBAULT (Jean-Thomas).

École française (1757-1826).

550. Calques et croquis, plans et élévations d'édifices, meubles et sculptures antiques. En un vol. in-fol., cart.

60

THIENON (E.).

École française (XIXᵉ siècle).

551. Vues de Rome et des environs. Trente-cinq dessins au crayon et à la sépia, en un vol. in-4, demi-rel.

TIÉPOLO (Jean-Baptiste).

École italienne (1692-1770).

400

552. Plafond représentant l'Aurore accompagnée de plusieurs amours. A l'aquarelle. Signé.

De forme ovale. H. 0.330. L. 0.220.

62

553. Moitié de plafond, avec milieu central orné d'amours et de déesses sur des nuages, et bordures avec médaillon et ornements de fleurs et de feuillages. A l'aquarelle.

H. 0.265. L. 0.395.

554. Projets de plafond. Deux dessins à la plume et à l'aquarelle.

TORO (Bernard-Honoré Turreau, dit).

École française (1672-1731).

2000

555. CARTOUCHES, VASES, Casques et Boucliers, bordures pour plafonds. Vingt-cinq dessins finement exécutés au crayon

noir, avec rehauts d'encre de Chine. En un vol. in-4, mar.
brun, dos orné, fil., tr. dor.

Précieux recueil. Dix des dessins représentent des Cartouches ; ils sont
précédés d'un titre avec dédicace à Fr. de Boyer, second président au Parlement
de Provence : 6 des vases, 6 des casques et boucliers et 3 des bordures de
plafonds. Trois dessins ont le trait à la plume.

Tous ces dessins sont gravés dans l'*Œuvre de Toro*, paru à Aix-en-Provence.

TORO (Genre de).

556. Modèles de vases d'orfévrerie avec couvercles. Le premier
est décoré de lambrequins et de têtes de femmes, le deuxiè-
me de griffons et d'une ronde d'amours sur la panse. A la
plume et à la sépia. Signé des initiales M. T.

H. 0.265. L. 0.170.

VALENCIENNES (Pierre-Henri).

École française (1750-1819).

557. Album d'études, croquis et paysages représentant des
vues de Rome et des environs. En un vol. in-fol. allongé
format d'agenda, cuir de Russie, fil. (*Koehler.*)

Contient environ 100 dessins à la plume et au bistre et au crayon noir, représentant des monuments et des vues d'ensemble de la ville et de la campagne de
Rome.

VARY.

École française (XVIIe siècle).

558. LA PROUE ET LA POUPE du vaisseau de guerre le *Soleil-
Royal*. Deux dessins à la gouache sur vélin. Signés.

Ces deux dessins sont entourés de superbes bordures avec cartouches, coins,
etc., qui rappellent les meilleures compositions de *Bérain*.

H. 0.600. L. 0.440.

VICO (Aeneas).

École italienne (1520-1563).

559. Brûle-parfum en forme de trépied. Le couvercle, attaché à
trois chaines, est surmonté d'un lion. Entre les branches du

N° 661

trépied, des amours supportent des tablettes avec sujets divers. A la plume, lavé de bistre.

H. 0.355. L. 0.170.

VIGNOLE (J. Barozzio, dit).

École italienne (1507-1573).

20

560. Frontispice de l'architecture de Vignole. A la plume et à la sépia.

A été gravé en 1563.
H. 0.360. L. 0.210.

VINSAC (Claude-Dominique).

École française (1749-1800)

24

561. Salière composée de deux sirènes adossées à un fût de colonne surmonté d'un vase fermé orné de deux têtes de béliers. Chaque sirène porte sur sa tête une coquille évasée. La salière repose sur une tablette portée par deux tortues. A la plume et à l'encre de Chine.

H. 0.200. L. 0.310.

VREDEMAN DE VRIESE (Jean).

École flamande (XVIᵉ siècle).

40

562. Modèles de tombeaux et cénotaphes. Vingt dessins à la plume et au bistre en un volume in-4 obl., cuir de Russie, tr. dor.

Ces dessins ont été gravés en taille-douce et publiés en 1563 à *Anvers*, par *H. Cock*, sous le titre : *Libellum varias Cœnotaphiorum, tumulorum et mortuorum monumentum.*
De la collection de M. W. Beckford.

WAEK (Cornelius de).

École flamande (XVIIᵉ siècle).

28

563. Cartouches de forme ovale compris dans des ornements divers. Sur le premier se lit un titre en flamand avec le

7

nom de l'auteur, sculpteur à Anvers. Six dessins à la plume et à l'encre de Chine.

H. 0.240. L. 0.155.

WAILLY (Charles de).

École française (1729-1798).

21

564. Passage couvert conduisant à un jardin, La porte principale est surmontée d'un balcon qui communique avec un salon d'été. A la plume et à l'encre de Chine.

H. 0.195. L. 0.200.

WATTEAU (Antoine).

École française (1684-1721).

240

565. Arabesques en hauteur. Au milieu de la composition sous un dais de feuillage sont représentés Sancho Pança sur son âne et divers personnages de la Comédie Italienne. Aux crayons de couleurs.

A été gravé.
H. 0.610. L. 0.360.

WATTEAU (École de).

601

566. Dessus de porte représentant Diane chasseresse et ses chiens tenus par des amours au milieu d'un paysage encadré d'arabesques, avec tête de femme, chiens, femme ailée, etc. A la plume et à l'encre de Chine.

H. 0.380. L. 0.525.

WOEIRIOT (Pierre).

École française (XVIe siècle)

20

567. Pallas en buste dans un médaillon circulaire avec ornement en filigrane. A la plume. Signé des initiales et daté 1566.

H. 0.110. L. 0.100.

ZUCCA (Jacobo)

École italienne (XVIᵉ siècle).

568. Projet de décoration pour une galerie. Dans le bas, différentes baies pour des portes et fenêtres surmontées de niches avec frontons contenant les statues des Muses. Entre les portes des colonnes couplées supportent des tableaux représentant des sujets historiques. Dans la partie supérieure, des panneaux avec des lions héraldiques. Deux dessins à la plume et au bistre.

L'un des dessins porte cette inscription : *Jacobo del Zucca, Grand'Alievo del Vasario fu'fiorentino venne a Roma giovane, sotto Gregorio XIII, depinse molto in Roma dove mori sotto Sixto V. Vedi il Baglione che parla anco di questa galleria fatta per Horatio Oricellai.* L'autre dessin est daté 1583.

H. 0.430. L. 0.430.

ZUCCARO (Fréderic).

École italienne (1542-1609).

569. Projet de vitrail cintré dans le haut, où est représentée la Vierge dans une gloire. Elle est entourée de saints et de saintes, de personnages religieux, etc. A la plume et à l'aquarelle.

H. 0.620. L. 0.310.

DESSINS RELATIFS A LA VILLE DE PARIS
ET A SES ENVIRONS.

BOSSE (Abraham).
École française (1605-1678 ?).

570. Visite de la reine Anne d'Autriche et du Dauphin à l'hôpital des Frères St-Jean de Dieu (la Charité) de Paris. A
l'aquarelle sur vélin. Encadré.

A été gravé par l'artiste.
H. 0.240. L. 0.350.

BOUCHARDON (Edme).
École française (1698-1762).

571. Fontaine de la rue de Grenelle. A la plume et à l'encre de
Chine.

H. 0.230. L. 0.370.

572. Les Cris de Paris. Vingt-et-un dessins au crayon noir et
aux crayons de couleur.

CHALGRIN (J.-F.-T.).
École française (1739-1811).

573. Projet de salle de spectacle à construire dans la salle des
machines, au palais des Tuileries. Vue prise au moment
d'une représentation à laquelle assistent de nombreux spectateurs. Dans une salle à colonnades qui précède le théâtre

circulent une quantité de personnages ; d'autres sont installés dans des loges. A la plume et à l'aquarelle avec des
rehauts de gouache. Signé et daté 1778. Encadré.

H. 0.490. L. 0.870.

110

Carnavalet

574. Vue de l'entrée des galeries du Louvre. Un peintre dessine
un bas-relief, d'autres sont en conversation. A la plume et
à l'aquarelle avec rehauts de gouache. Encadré.

H. 0.325. L. 0.360.

CHAUFOURIER (Jean).

École française (1672-1757).

4 of

Morgan

575. Vue d'une partie de la ville de Paris depuis le carrefour
St-Germain l'Auxerrois jusqu'à l'hôtel de Conty. — Vue
d'une partie de la ville de Paris depuis les Quatre-Nations
jusqu'au Pont-Royal. Deux dessins à la plume avec rehauts
d'encre de Chine et de sépia. Encadrés.

Ont été gravés par *Duperron* et par *Saury.*
H. 0.160. L. 0.320.

CHAUVEAU (François).

École française (1615-1676).

20

Bouillon

576. Un des dessus de porte de la Galerie d'Apollon au Louvre,
portant les armes royales et orné d'un trophée formé d'armes
et d'armures. A la plume, avec rehauts de sanguine et
d'encre de Chine.

H. 0.190. L. 0.220.

CHAUVEAU (D'après).

École française (XVIIe siècle).

107

Morgan

577. Portrait du cardinal Mazarin représenté dans son palais.
Au fond, la vue de la Galerie aujourd'hui appelée Galerie
Mazarine. A la sépia.

La tête du cardinal est restée inachevée. A été gravé au XVIIe siècle par
Nanteuil et lithographié au XIXe siècle par *Freemann* pour le livre de
M. de Laborde : *Le Palais Mazarin.*
H. 0.480. L. 0.575.

CHAUVET (J.).

École française (XIXe siècle).

578. Vue des quais St-Bernard, de Béthune, de St-Paul et du pont de Sully. — Vue du pont Marie, du port St-Paul, du quai des Célestins et du quai d'Anjou. — Vue du palais abbatial de l'abbaye de Saint-Germain des Prés. Trois dessins au crayon noir et à l'aquarelle. Signés et datés 1884, 1885 et 1888.

COCHIN (Ch. Nicolas).

École française (1715-1790).

579. RÉCEPTION PAR LOUIS XV, DANS LA GRANDE GALERIE DE VERSAILLES, DE SAÏD MÉHÉMET PACHA, ambassadeur extraordinaire du Grand Turc, en 1742. Le roi est entouré de la famille royale. Les deux côtés de la galerie sont garnis d'estrades bondées de spectateurs. A la mine de plomb avec rehauts d'encre de Chine et de sépia. Signé. Encadré.

Magnifique dessin.
H. 0.450. L. 0.750.

COLLOT (J.).

École française (XVIIIe siècle).

580. Vue de Notre-Dame, du terre-plein, de l'archevêché et du petit-pont. Peinture sur bois. Cadre ancien en bois sculpté.
H. 0.310. L. 0.520.

CONTANT D'IVRY (Pierre.) ?.

École française (1698-1777).

581. Projet de place avec statue et fontaine à l'intersection de la rue Royale et d'une rue projetée. Dans la perspective, le Garde-Meuble, la place Louis XV, le Palais-Bourbon, etc. Composition animée de nombreux personnages. A la plume et à l'aquarelle. Encadré.
H. 0.490. L. 0.830.

CORNEILLE (J.-B.).

École française (1646-1695).

14/

Arts décoratifs

582. Plafond d'une salle du château des Tuileries. Au milieu sujet mythologique. Dans la voussure, médaillons avec sujets de l'histoire d'Hercule supportés par des Satyres et des Génies. A la sanguine. Encadré.

Ce plafond a été détruit sous Napoléon Ier.
H. 0.500. L. 0.370.

COROT (J.-B.-Camille).

École française (1796-1875).

820

583. Vue de Paris, prise du bord de la Seine au quai d'Ivry. Peinture sur toile, signée. Encadrée.

H. 0.200. L. 0.340.

COTTE (Robert de).

École française (1656-1735).

21

584. Extrémité de la Galerie de l'hôtel de Toulouse avec cheminée ornée. Glace avec fronton composé des attributs de la guerre et de la marine, et d'un écusson aux armes du comte de Toulouse. A gauche, un panneau de la boiserie de la galerie. Au crayon et à la plume avec rehauts de lavis.

H. 0.280. L. 0.210.

COUSTOU (Nicolas).

École française (1658-1733).

68
Bouillon

585. Descente de croix placée dans le chœur de Notre-Dame de Paris, derrière le grand Autel. La Vierge, appuyée contre la croix, tient le Christ étendu sur ses genoux. A la plume et à l'aquarelle. A été exécuté en 1723.

H. 0.440. L. 0.290.

16/
Bouillon

586. Projets de décoration en sculpture pour la voûte des petites

chapelles de Notre-Dame. Deux dessins de bas-reliefs d'enfants et d'anges jouant de divers instruments. A la plume et à la sanguine.

Le dessin porte huit lignes autographes et la signature de *Coustou* qui évalue son travail à 1100 livres.
H. 0.220. L. 0.290.

COYPEL (Antoine).

École française (1661-1722).

587. Décoration d'un panneau de la grande Galerie du Palais Royal, dite Galerie d'Enée, composée d'une pyramide en métal et marbre, portant au milieu un trophée guerrier supporté par deux amours. Ces ornements étaient en marbre et en bronze doré. A la plume et à l'encre de Chine.

Cette galerie avait été décorée entièrement par *Antoine Coypel.*
H. 0.295. L. 0.155.

DAUMIER (Honoré).

École française (1808-1879).

588. Les Types de Paris. Devant une galerie à arcades sont rassemblés des boursiers, des lorettes, des rentiers, des magistrats, des badauds, etc. A la plume. Encadré.

H. 0.300. L. 1.100.

DEBUCOURT (L.-P.).

École française (1755-1832).

589. LE FOYER DES FIGURANTES de la Comédie française. A la plume et au crayon, avec rehauts d'encre de Chine.

Spirituel dessin.
H. 0.350. L. 0.450.

DELLA BELLA (Stefano).

École italienne (1610-1664).

590. Vues de la Bastille, de l'Abbaye de Saint-Germain des

Prés, des Tuileries, du château de Chaumont, etc. Croquis à la plume et à l'aquarelle exécutés au r° et au v° de deux feuilles de vélin. Datés 1634 et 1635.

H. 0.115. L. 0.170.

DEMACHY (P.-Antoine).

École française (1722 ? -1807).

591. Vue du Louvre et de l'Hôtel de la Monnaie, prise du terre-plein du Pont-Neuf. Peinture sur toile. Signée. Encadrée.

H. 0.320. L. 0.500.

592. VUE D'UNE PARTIE DE LA PLACE LOUIS XV, en 1784, le jour d'une ascension aérostatique. La foule est massée à l'entrée des Champs-Elysées, en face des hôtels de Crillon et de Coislin, de l'hôtel de Grimod de la Reynière et du pavillon Peyronnet. Peinture sur bois, signée. Encadrée.

H. 0.310. L. 0.500.

593. Les Ruines de la foire Saint-Germain après l'incendie de 1763. De nombreux ouvriers fouillent dans les décombres. On aperçoit dans le fond les clochers de l'église Saint-Germain des Prés. A l'aquarelle. Signé. Encadré.

A été gravé par *Delauney.*
H. 0.490. L. 0.740.

594. La foire Saint-Germain après l'incendie de 1763. Au-delà des ruines on aperçoit le portail latéral et les tours de l'église Saint-Sulpice. A l'aquarelle. Signé et daté 1763. Encadré.

A été gravé par *Delauney.*
H. 0.490. L. 0.740.

595. Démolition de l'église de Saint-Jean en Grève. Peinture sur bois. Encadrée.

L'église St-Jean en Grève fut démolie au commencement de ce siècle, époque à laquelle cette peinture fut exécutée.
Le chevet de l'église est entièrement détruit et laisse apercevoir le portail de l'église Saint-Gervais.
H. 0.420. L. 0.520.

DEMACHY (Genre de).

596. La prise de la Bastille. — Démolition de la Bastille. Deux peintures sur bois. Encadrées.

H. 0.270. L. 0.415.

DESJARDINS.

École française (XVIIIᵉ siècle).

597. Figures des niches du portail de la Culture Sainte-Catherine. Quatre dessins à la sanguine sur la même feuille.

H. 0.210. L. 0.350.

DESRAIS (Claude-Louis).

École française (1746-1816).

598. LA PROMENADE AU PALAIS-ROYAL en 1789. A la plume et à la sépia.

Important dessin. Le cirque, les pavillons des marchands sont entourés de nombreux promeneurs. Dans une marge blanche au bas du dessin, sont redessinés trois groupes de personnages légèrement différents de ceux de la composition entière.

A été gravé en couleur ; estampe généralement attribuée *Debucourt*.
H. 0.430. L. 0.550.

DIVERS.

599. Vues de Paris au dix-huitième et dix-neuvième siècles. Treize dessins à la plume et à l'aquarelle.

Dessins de *Ledoux, Dauzats, Roqueplan* etc. Projet pour le Palais-Bourbon ; vue de l'Hôtel-de-Ville ; frontispice des promenades de Paris, etc.

DU BREUIL (Toussaint).

École française (1561 ?-1602).

600. Entrée de Henri IV dans Paris par la porte de la Prévôté et couronnement de Marie de Médicis à Saint-Denis. Dessins destinés à être reproduits en tapisserie. A la plume avec rehauts d'or et de sépia.

Dans la première composition on remarque divers monuments du vieux Paris.
De la collection de M. SAUVAGEOT, avec note manuscrite.
H. 0.235. L. 0.165.

DUMONT (J.), dit le Romain.
École française (1700-1781).

200
Ch....

601. Plan général d'une place pour une salle d'opéra projetée à Paris. Les côtés de cette place sont garnis de bâtiments qui rappellent les galeries du Louvre. Au centre, une statue équestre. La composition est animée d'une quantité de voitures, carrosses, piétons, marchands ambulants, etc. A la plume, à l'encre de Chine et à l'aquarelle.

H. 0.440. L. 0.680.

50
A Duran..

602. Fronton pour l'hôtel de la Compagnie des Indes (aujourd'hui Bibliothèque Nationale). A la plume et à l'encre de Chine. Signé et daté 1755.

H. 0.285. L. 0.420.
On y joint deux autres dessins de frontons exécutés à la même époque.

DUPLESSIS-BERTAUX ?
École française (1747-1818).

150 „
Carnavalet

603. Séance du district de la place Maubert dans l'église des Carmes. A la plume avec rehauts de sépia et d'encre de Chine. Encadré.

H. 0.435. L. 0.315.

DUVAL (A.).
École française (XVIIIᵉ siècle .

700
Carnavalet

604. Vue intérieure de l'église de St-Nicolas des Champs de Paris, prise derrière le maître-autel. A la plume et à l'aquarelle. Signé et daté 1776. Encadré.

H. 0.600. L. 0.730.

ÉCOLE FRANÇAISE.
(XVIᵉ siècle).

2 200 „
Morgan

605. VUE DE PARIS PRISE DU PRÉ-AUX-CLERCS. A la plume daté de 1574. Encadré.

Précieux dessin donnant l'aspect de Paris au XVIᵉ siècle.

On y remarque la Porte Neuve, la Tour du bois et la courtine du Louvre parfaitement indiqués.

Au fond on aperçoit le Pont aux Meuniers, le Palais, la Sainte-Chapelle, Notre-Dame et à droite la Tour et la porte de Nesle.

Ce dessin a été plusieurs fois reproduit, notamment par M. Berty dans sa *Description du vieux Louvre*.

H. 0.295. L. 0.175.

ÉCOLE FRANÇAISE.

(XVIIe siècle).

606. Porte des appartements du Roi à Versailles. Elle est comprise entre quatre colonnes accouplées, et est surmontée d'un trophée d'armures. A la plume et à l'aquarelle.

H. 0.360. L. 0.250.

607. Plafond du cabinet de Monseigneur le Dauphin (à Versailles). Le milieu de forme ovale est entouré d'une balustrade garnie de fleurs et d'oiseaux. Dans les angles, des arabesques avec amours. A la plume et à l'aquarelle.

On lit sur le dessin : *Monseigneur m'a ordonné de faire exécuter le présent dessein le 15......... 1671. Perrault.*

H. 0.215. L. 0.260.

608. Cheminée du salon de la guerre à Versailles. A la plume.

H. 0.280. L. 0. 340.

ÉCOLE FRANÇAISE.

(Fin du XVIIe siècle).

609. L'extrémité de la rue Saint-Antoine un jour de carnaval. De nombreux personnages travestis circulent devant l'église de la Visitation Sainte-Marie, les hôtels de Mayenne et de Sully. Dans le fond la Bastille. Peinture sur bois. Encadré.

H. 0.325. L. 0.585.

ÉCOLE FRANÇAISE.

(XVIIIe siècle).

610. Vue du château et du jardin des Tuileries, du Pont-Royal et des quais. A la gouache. Encadré.

H. 0.175. L. 0.410.

280
Carnavalet

611. Vue du Pont-Neuf prise de la berge du quai Conti. A la gouache. Encadré.

H. 0.150. L. 0.205.

2/00
Carnavalet

612. Théâtre de la foire Saint-Laurent en 1786. Représentation d'une farce du théâtre italien en présence d'un nombreux public. A la gouache.

H. 0.330. L. 0.430.

180 »
Carnavalet

613. Vue de la Grenouillère, du Palais-Bourbon et des Invalides, prise du quai des Tuileries. Sur le quai des Tuileries, un coche, des voitures et de nombreux promeneurs. Au crayon noir et à l'encre rouge.

H. 0.360. L. 0.610.

8 »

614. Figures des Vertus placées au-dessus des arcades du chœur de Notre-Dame de Paris. La Virginité et la Pureté ; la Justice et la Force. Deux dessins à la sanguine.

D'après les sculptures de *Thierry* et de *Le Moine.*
H. 0.200. L. 0.270.

21

615. Élévation des bâtiments formant la place du Roi et la face majeure de l'hôtel de ville proposée vis-à vis le milieu de la grande gallerie du Louvre sur le quay Malaquêt entre l'hôtel de Bouillon et le monastère des Théâtins. Cet édifice, en forme de demi-cercle, comprenait au centre un vaste bâtiment avec péristyle, escalier monumental, etc. Au centre de la place, la statue de Louis XV. A la plume et au lavis.

De nombreux projets furent faits au siècle dernier pour la construction de l'Hôtel-de-Ville de Paris sur le bord de la Seine en face le Louvre.
H. 0.310. L. 0.920.

11 c.
miottier

616. Projet pour l'Hôtel des comédiens italiens ordinaires du Roi. A la plume et à l'encre de Chine avec rehauts d'aquarelle.

H. 0.380. L. 0.470.

12 »
Bouillon

617. Agrafes de fenêtres de la galerie et de l'église de Versailles. Trois dessins à la plume et à la sépia sur la même feuille.

H. 0.225. L. 0.160.

618. Dessus de portes de forme cintrée, avec trophées militaires

et armoiries de France et de Navarre, exécutés aux écuries
du chateau de Versailles. Deux dessins à la sanguine.

Ces dessus de porte étaient l'œuvre de *Granier, Raon* et *Mazière.*
H. 0.150. L. 0.235.

619. Une des faces du grand Cabinet du Roi à Fontainebleau,
avec glace cintrée ornée de draperies, comprise entre deux
portes avec panneaux et dessus peints. A la plume et à
l'aquarelle.

H. 0.460. L. 0.580.

620. Une des faces du Cabinet du Roi à Fontainebleau, ornée
d'une glace comprise entre deux panneaux peints avec
arabesques. A la plume et à l'aquarelle.

H. 0.455. L. 0.470.

ÉCOLE FRANÇAISE.

(Fin du XVIIIe siècle).

621. L'Assemblée des Notables à Versailles en 1788. A la
plume et à l'aquarelle.

H. 0.355. L. 0.505.

622. Scène de la Révolution. Les forgerons et les serruriers
viennent présenter des piques, des haches et des marteaux
aux membres de l'Assemblée législative. A la plume et à
l'aquarelle.

Importante composition qui doit avoir été exécutée dans l'atelier du peintre
David. Au v°, un dessin au crayon qui parait être une première idée du tableau
du *Dévouement des Sabines.*
H. 0.625. L. 0.770.

ÉCOLE FRANÇAISE.

(XIXe siècle).

623. Vue de la Chambre des Députés, des quais et du pont de
la Concorde vers 1830. A l'aquarelle.

H. 0.175. L. 0.255.

2o

Carnavalet

624. La Cour des Messageries, rue Notre-Dame des Victoires. Au crayon et à l'aquarelle.

H. 0.435. L. 0.835.

FONTAINE (P.-F.-L.).

École française (1762-1853).

360

Carnavalet

625. Vue de l'ancienne église Saint-Ambroise (ancien couvent des Annonciades) et de la fontaine de la rue Popincourt. A l'aquarelle, encadré.

La scène représente les fidèles sortant de l'église. Dans le fond, la fontaine Popincourt construite en 1806 par le sculpteur Fortin.
Ce dessin a été offert à Fortin par son ami *Fontaine.*
H. 0.270. L. 0.300.

FRÉMINET (Martin).

École française (1567-1619).

10

Bouillon

626. Jésus-Christ au milieu des Docteurs. Étude pour la décoration de la voûte au-dessus de l'entrée de la chapelle de Fontainebleau. A la plume et au bistre.

H. 0.390. L. 0.565.

GABRIEL (J.-Ange).

École française (1699 ? -1782).

270

Carnavalet

627. Façade d'un des bâtiments élevés sur la place Louis XV, qui fut occupé par le Garde-Meuble de la Couronne (aujourd'hui le ministère de la Marine). A la plume et à l'encre de Chine.

Le dessin présente de nombreuses variantes avec le bâtiment exécuté, il indique notamment un troisième étage en retrait et la balustrade supérieure est garnies de statues.
H. 0.270. L. 0.525.

400

Bouillon

628. Bibliothèque du Roy à Versailles. Face opposée aux croisées. — Face des croisées. — Face de la cheminée. Trois dessins à la plume avec lavis. Signés et datés 1774.

H. 0.300. L. 0.420.

4/ .. 629. Projet de façade pour le château du Petit Trianon. Sur le devant du palais, un péristyle avec quatre colonnes. A la plume et à l'encre de Chine.

Bouillon

> H. 0.340. L. 0.480.

GLATZ (François).

École française (XVIIIe siècle).

2 ,, 630. Projet de portail de l'église St-Nicolas du Chardonnet, à Paris. A la plume et à l'encre de Chine.

> H. 0.510. L. 0.440.

GRAVELOT (H.-F.).

École française (1699-1773).

1700 ,, 631. INAUGURATION DE LA STATUE DE LOUIS XV, par Bouchardon, élevée sur la place Louis XV, en juin 1763. Au crayon noir, signé des initiales de l'artiste.

Morgan

> Le dessin représente la cérémonie au moment où un cortège, formé du gouverneur de Paris (le duc de Chevreuse) accompagné du Corps de ville, fait trois fois le tour de la statue au bruit des fanfares et en jetant de l'argent au peuple.
> A été gravé par *Aug. de Saint-Aubin,* pour servir d'en-tête dans le volume : *Description des travaux de la fonte de la statue de Louis XV, par Mariette.* Paris, 1768.
> H. 0.145. L. 0.260.

GUILLAUMOT (Auguste).

École française (XIXe siècle).

6 ,, 632. Un des sphinx qui ornaient l'escalier du château de Marly. Dans le fond, le château devant lequel passent un homme et une femme en costumes du dix-septième siècle. Au crayon noir rehaussé. Signé.

> H. 0.380. L. 0.530.

HIBON.

École française (XIXe siècle).

200 ,, 633. La Place du Châtelet et la Colonne du Palmier. — La

Camaralis ---

8

Fontaine des Innocents. — Le Palais du Corps législatif et le pont de la Concorde. — Intérieur de la Halle aux vins. Quatre aquarelles signées et datées 1813 et 1814.

H. 0.290. L. 0.260.

HUVÉ (J.-J.).

École française (1742-1808).

1 780 "
Carnavalet

634. Vue de l'Hôtel des Monnaies, prise du Pont-Neuf en 1775. A la plume et à l'aquarelle. Encadré.

J.-J. Huvé suivit, en qualité d'inspecteur, la construction de l'Hôtel des Monnaies.
H. 0.520. L. 0.820.

ISABEY (J.-B.).

École française (1767-1855).

200
Carnavalet

635. Cérémonie militaire au Champ de Mars. Peinture sur toile. Encadrée.

Première esquisse d'un grand tableau.
H. 0.185. L. 0.600.

LALLEMAND (J.-B.).

École française (1710-1803 ?).

42
Carnavalet

636. Vue du jardin des Tuileries du côté de la place Louis XV. A la plume et à l'encre de Chine.

H. 0.580. L. 0.215.

400 "
Carnavalet

637. Vue du Pont-Neuf, de la pompe de la Samaritaine, de l'église des Augustins, prise du quai du Louvre. A la plume et à l'aquarelle. Cadre en bois sculpté.

Ce dessin destiné à la gravure a été exécuté en sens inverse.
H. 0.385. L. 0.565.

130
Carnavalet

638. Vue de la Comédie française (aujourd'hui l'Odéon). A l'aquarelle.

On remarque sur la place, devant le théâtre, une fontaine surmontée d'un obélisque.
H. 0.230. L. 0.310.

639. Projet de reconstruction du château de Versailles. Façade principale et aile du côté droit du château ornés de péristyles et de colonnes. Des voitures et des promeneurs animent la composition. A la plume et à l'aquarelle.

H. 0.200. L. 0.280.

LA RUE (L.-F. de).

École française (XVIIIe siècle).

640. Parisiens, militaires et filles galantes se divertissant dans une guinguette des environs de Paris. A la plume avec rehauts d'encre de Chine. Encadré.

H. 0.140. L. 0.840.

LE BAS (J.-P.).

École française (1707-1783).

641. Vue du Pont-Neuf prise du terre-plein. Dans le ciel est représenté la Charité. A la mine de plomb sur vélin. Signé et daté 1742. Encadré.

A été gravé pour servir de frontispice à un bréviaire parisien.
H. 0.135. L. 0.070.

642. Feu d'artifice tiré sur l'eau en face la place Louis XV à l'occasion de la paix publiée le 21 Juin 1763. A la sépia.

A été gravé par *Arrivet.*
H. 0.265. L. 0.480.

LENOIR (N.).

École française (1726-1810).

643. Vue de la nouvelle Salle de bal construite dans l'enclos de la Foire St-Germain à Paris, érigée par N. Lenoir. Composition animée de plusieurs centaines de personnages. A la sépia sur trait gravé. Encadré.

H. 0.430. L. 0.890.

MARÉCHAL.

École française (XVIIIe siècle).

3 2// "
Morgan

644. VUE DU JARDIN DES TUILERIES, avec ses charmilles, ses statues et ses bassins. Nombreux promeneurs. A l'aquarelle. Signé et daté 1788. Encadré.

H. 0.200. L. 0.320.

8//
Morgan

645. VUE DU PARC DU CHATEAU D'ENGHIEN-MONTMORENCY. A l'aquarelle. Signé et daté 1788. Encadré.

H. 0.200. L. 320.

270
Morgan

646. Le Palais de Luxembourg brillamment illuminé un jour de fête publique. A la plume et à la sépia avec réhauts de blanc. Signé et daté 1780. Encadré.

H. 0.255. L. 0.380.

MARTIN (J.-B.).

École française (1659-1735).

300
Carnavalet

647. Louis XIV, accompagné d'une nombreuse suite, procédant à l'inauguration de l'église de l'Hôtel royal des Invalides. Au crayon noir et à l'encre de Chine. Signé.

H. 0.520. L. 0.890.

MEUNIER.

École française (XVIIIe siècle).

32 "
Robbie

648. Diverses vues de Paris et des environs. Trente-six croquis à la mine de plomb.

Croquis faits pour l'illustration de la *Description de la France* de B. de La Borde.

MOREAU (Louis).

École française (XVIIIe siècle).

300 "
Morgan

649. Vue des château et pavillon de Madame du Barry à Louveciennes, prise des jardins. De nombreux personnages se

N° 644

promènent sur la terrasse du château. A l'aquarelle. Signé
et daté 1782. Encadré.

H. 0.295. L. 0.440.

MOREAU LE JEUNE (Jean-Michel).

École française (1741-1814).

Loof „
Morgan

650. Vue perspective du Palais-Bourbon, du côté de la rivière,
présentée à S. A. S. Monseigneur le prince de Condé dans le
concours ordonné au mois d'Aoust 1764, par Boullée, architecte du Roy. En avant du Palais imaginé par Boullée est un
large quai avec terrasses et fontaines. Un escalier descend à
un embarcadère en pierre construit au bord de la Seine. La
composition est animée de nombreux personnages. A la plume
et à l'encre de Chine avec rehauts de blanc. Signé et daté
1766. Encadré.

H. 0.450. L. 0.820.

400
Morgan

651. Vue du chateau de Montmorency-Luxembourg, appartenant au duc de Lauzun. Divers personnages se promènent
dans la campagne. A l'aquarelle et à la sépia. Signé du
monogramme et daté 1768. Cadre en bois sculpté.

Moreau ne paraît pas avoir dessiné les bâtiments du château. Cette partie
doit être l'œuvre de l'architecte *Bellanger* qui présenta ce dessin au duc de
Lauzun.
H. 0.235. L. 0.370.

NAUDET (Th.-Charles).

École française (1774-1810).

4000 „
Carnavalet

652. Vue de la place de la Concorde du côté de l'entrée du jardin
des Tuileries, à la fin du dix-huitième siècle. De nombreux
baladins et marchands de comestibles sont installés sur la
place, et entourés d'une quantité de civils et de militaires.
A la plume et à la gouache. Signé et daté 1799. Encadré.

H. 0.600. L. 0.920.

2000 „
Carnavalet)

653. Fête de l'Être suprême célébrée au champ de Mars, le
8 juin 1794. A la droite de la montagne le char de Cérès

trainé par des bœufs. Une foule immense assiste à la fête. A la gouache et à l'aquarelle. Signé et daté. Encadré.

H. 0.460. L. 0.700.

RONNY (G.-F.).
École française (XIX° siècle).

654. Vue d'un des côtés du palais de l'Institut, prise du côté de la rue de Seine. Sur les degrés du péristyle est installé un marchand de tableaux. Peinture sur toile signée et datée 1837. Encadrée.

H. 0.375. L. 0.490.

NICOLE (V.-J.).
École française (XIX° siècle).

655. Vue de Notre-Dame de Paris et de l'Hôtel-Dieu. A l'aquarelle. Encadré.

H. 0.110. L. 0.065.

656. Vue de la Porte Saint-Denis. A l'aquarelle. Encadré.

H. 0.110. L. 0.065.

657. Vue de la Salle des Cariatides au Louvre. A la mine de plomb, avec rehauts d'encre de Chine. Encadré.

H. 0.105. L. 0.170.

NOBLESSE (François).
École française (XVII° siècle).

658. Vue perspective du château de Meudon, appartenant à Monseigneur le marquis de Louvois. A la plume avec rehauts de lavis. Signé. Cadre en bois sculpté.

H. 0.380. L. 0.560.

NOËL (J.).
École française (1815-1881).

659. VUE DE PARIS, prise du quai du Louvre. Dans le fond le

Pont-Neuf et la Cité. A gauche le Louvre et la Samaritaine. A droite la Monnaie et le Collège des quatre Nations. Sur le quai de nombreux ballots de marchandises, des bateliers et des promeneurs. Peinture sur toile, signée. Encadrée.

H. 0.480. L. 0.730.

660. VUE DU LOUVRE, prise du terre-plein du Pont-Neuf. Dans la perspective le Pont-Royal et à gauche le Collège des Quatre Nations. L'artiste a représenté au premier plan un groupe de pêcheurs et de laveuses. Peinture sur toile, signée. Encadrée.

H. 0.480. L. 0.730

NORBLIN (J.-P.).

École française (1745-1830).

661. Diverses scènes populaires. — Marchands ambulants. — Scènes de nuit. Cinq dessins au crayon et à la plume lavés d'encre de Chine.

Femme déchirée par un chien sur le Parvis Notre-Dame, 1811. — Ancien marché de Paris, 1819.

OPPENORD (G.-M.).

École française (1672-1742).

662. Projet de théâtre lyrique à Paris. Vingt dessins à la plume, à la sanguine et à la gouache en un vol. in-fol., cart.

Places, façades, coupes, plafonds, détails des sculptures et décorations intérieures et extérieures. Les vues intérieures de la salle, du rideau, etc. sont exécutées à la gouache.

PERELLE (Nic.).

École française (XVIIᵉ siècle).

663. La Porte de la Conférence ou la Porte des Tuileries, bâtie en 1632. A la plume. Encadré.

On aperçoit dans le fond le pont Barbier, la cité, et à droite le quai de la Grenouillère.

A été gravé dans le recueil de *Perelle.*

H. 0.280. L. 0.175.

60
Carnavalet

664. Vue et perspective du château de Maisons, prise du côté de la Seine. A la plume.

A été gravé dans le recueil de *Perelle*.
H. 0.160. L. 0.280.

RAGUENET.

École française (XVIIIᵉ siècle).

f 20
Carnavalet.

665. Vue de l'abside de Notre-Dame et de la pointe de l'Ile Saint-Louis. Peinture sur toile, signée.

H. 0.450. L. 0.850.

RIGAUD (J.).

École française (XVIIIᵉ siècle).

140 f "
Morgan

666. Vue de l'hôtel de ville de Paris. — Vue de la Bastille. Deux dessins à la plume et à l'encre de Chine.

Ont été gravés dans le recueil des *Maisons de France* de *Rigaud*.
H. 0.215. L. 0.475.

4000 "
Morgan

667. VUE ET PERSPECTIVE DU CHATEAU DE GROSBOIS. La cour du château, la demi-lune qui le précède et les allées environnantes sont remplies de carrosses, cavaliers et piétons. Le peintre s'est représenté au premier plan. A la plume et à l'encre de Chine. Signé. Cadre ancien en bois sculpté.

Ce dessin a été gravé par *Lépicié* en 1735.
Le cadre est orné d'un écu surmonté d'une couronne ducale et d'un mortier ; les angles sont formés de médaillons avec des double C entrelacés ; dans un cartouche, dans le bas, se lit la date 1733.
Dessin et cadre ont été faits pour G. L. de CHAUVELIN, seigneur de Grosbois, garde des sceaux de France ; ses armoiries, qui étaient peintes sur le dessin et gravées sur le fronton, ont été enlevées à l'époque de la Révolution.
Au vᵉ du cadre l'adresse d'*Odieuvre*, marchand d'estampes et encadreur.
H. 0.450. L. 0.870.

ROBERT (Hubert).

École française (1733-1808).

102 f "
Muittr

668. L'Incendie du théâtre de l'Opéra au Palais-Royal dans la nuit du 8 juin 1781. Vue prise d'une galerie du Louvre. Peinture sur bois, signée et datée 1781. Encadrée.

A été gravé par *Delauney*.
H. 0.310. L. 0.220.

810
Muitter

669. Ruines du théâtre de l'Opéra après l'incendie du 8 juin 1781. Des pompiers et des ouvriers procèdent à l'enlèvement des cadavres et au déblaiement. Peinture sur bois. Encadrée.

A été gravé par *Delauney*.
H. 0.310. L. 0.220.

1000
Carnavalet

670. La Galerie du Louvre avec ses tableaux et objets d'art sous la première République. Peinture sur toile, signée. Encadrée.

H. 0.355. L. 0.400.

620
Paulme

671. Le Guichet du Louvre, sur la Seine, en face l'Institut. Peinture sur toile. Encadrée.

H. 0.460. L. 0.380.

ROUBO fils (A.-J.).
École française (XVIIIᵉ siècle).

21

672. Projet pour l'ouverture du Chœur et pour le revêtissement et la décoration des arcades et piliers (de l'église St-Jacques du Haut-Pas à Paris?) A la plume et à l'encre de Chine. Signé et daté 1767.

H. 0.495. L. 0.650.

ROUSSEAU (Pierre).
École française (XVIIIᵉ siècle).

19
Morgan

673. Coupe longitudinale de l'hôtel du prince de Salm devenu le palais de la Légion d'honneur. La décoration du grand salon circulaire en façade sur la Seine est indiquée. A la plume et à l'aquarelle.

H. 0.100. L. 0.300.

SAINT-AUBIN (Augustin de).
École française (1736-1807).

3300
Morgan

674. LA PROMENADE DES REMPARTS DE PARIS. A la mine de plomb signé et daté 1760. Encadré.

Précieux dessin qui est le croquis original de cette célèbre composition popularisée par la gravure de *Courtois*.

Un dessin plus achevé à la sépia, ayant servi à la gravure, a figuré en 1894 à la vente de la collection de M. A. Josse.
H, 0.200. L, 0.355.

675. Le Jardin du Luxembourg, avec de nombreux promeneurs. A la plume.
H. 0.140. L. 0.280.

676. BAL DE SAINT-CLOUD CHEZ GRIEL. — Feu d'artifice chez Griel. Deux dessins à la plume et à la sépia avec rehauts de blanc. Signés et datés 1759. Encadrés.
Très beaux dessins d'une remarquable exécution.
H. 0.245. L. 0.170.

SAINT-AUBIN (Gabriel de).
École française (1724-1780).

677. Vue de la grande Chambre du Parlement de Paris. Au crayon et à l'aquarelle. Signé et daté 1776.
Dans les marges croquis à la plume et inscriptions.
H. 0.200. L. 0.150.

678. Vues du Louvre de l'église Ste-Geneviève (le Panthéon) en construction, et de l'hôtel Thélusson. Quatre dessins au crayon noir et au lavis sur deux feuilles. Signés.
H. 0.200. P. 0.130.

679. Ruines de l'Hôtel-Dieu de Paris, après l'incendie de 1772. A l'aquarelle signé et daté 1772.
H. 0.165. L. 0.235.

680. LA CHAPELLE D'ORLÉANS dans l'église des Célestins de Paris. On remarque les Trois Grâces de Germain Pilon, la pyramide du tombeau de Longueville, le monument d'Anne de Montmorency. Au crayon noir et au lavis. Signé G. d. S. A.
H. 0.195. L. 0.125.

681. VUES DE LA PORTE SAINT-DENIS à Paris, prises du côté des boulevards et du côté des faubourgs. Deux dessins au crayon noir et à la plume avec lavis d'encre de Chine.
Au v° d'un des dessins, croquis représentant une femme jouant de l'éventail, diverses statues, tombeau de Clovis, etc.
H. 0.195. L. 0. 125.

N° 676

682. INAUGURATION DE LA FONTAINE DE LA RUE DE GRENELLE. A droite un orchestre, à gauche distribution de vins au peuple. A la pierre d'Italie avec rehauts d'aquarelle et d'encre de Chine.

H. 0.200. L. 0.125.

683. Vue du jardin des Tuileries. Près d'une statue, trois enfants dont l'un ramasse une carte, les deux autres examinent la statue. Au crayon noir et à la plume. Signé G. d. S. A. 1774.

H. 0.205. L. 0.165.

684. Vue du jardin du Palais-Royal, prise dans l'angle à côté du Café de Foi en 1779 ; un coup de vent avoit presque déraciné un arbre tel qu'on le voit ici. Au crayon et à la plume.

H. 0.180. L. 0.125.

685. Collège royal de pharmacie réédifié en 1778. Vue d'un laboratoire ; le professeur fait ses expériences devant un nombreux public. Aquarelle sur pierre d'Italie. Signée et datée 1779.

Au vᵉ croquis au crayon.
H. 0.200. L. 0.130.

686. Diverses vues de Paris et des environs. Palais-Bourbon. Eglise de Sceaux. Entrée du roi dans le Château de Versailles. Quatre dessins au crayon noir, à la plume et au lavis d'aquarelle.

H. 0.200. L 0.125.

687. Diverses vues de Paris. Cinq dessins au crayon noir.

Le Pont-Neuf et la Samaritaine (au vᵉ deux portraits dont celui de Louis XVI). — Le Pont-Neuf vu de la rue Dauphine. — La Grue destinée à lever les fardeaux sur le port St-Nicolas. — Porte du Muséum. — Vue de l'île St-Denis.

688. EXPOSITION DE TABLEAUX DE L'ACADÉMIE DE SAINT-LUC AU COLISÉE. Les murs sont garnis de tableaux et la foule défile entre deux hallebardiers. A la plume et à l'aquarelle. Daté 1776. Encadré.

Ce précieux dessin a été plusieurs fois reproduit.
H. 0.095. L. 0.155.

689. Salle de concert. — Salle de spectacle. — Académie de

dessin. Trois dessins à la pierre noire avec rehauts d'aquarelle.

En haut d'un des dessins, une vue de l'église St-Sulpice; au v° d'un autre
dessin, portrait de Diderot vu de profil.
H. 0.195. L. 0.130.

690. Vue du Café de la Régence; la salle est occupée par des
joueurs d'échecs. Au premier plan J.-J. Rousseau assis dans
une attitude méditative. Au-dessous une femme couchée
tenant un blason. A la plume et à l'aquarelle.

H. 0.190. L. 0.150.

691. Café d'Alexandre à la foire St-Germain. A la plume avec
rehauts de pierre d'Italie. Signé des initiales G. S. et daté
1759.

H. 0.175. L. 0.240.

692. Maison en construction à Paris; la façade est couverte
d'échafaudages. Curieux et promeneurs au milieu des pierres
de taille et autres matériaux. A la sanguine. Signé et daté
1777.

H. 0.230. L. 0.280.

693. La Maquerelle sur un âne, promenée dans les rues de Paris.
A la plume et à l'encre de Chine.

A été gravé.
H. 0.170. L. 0.210.

694. La Rixe. — Arrestation de Cartouche. Deux dessins au
crayon noir. Le premier est signé G. de S. A.

695. Scènes populaires parisiennes. Neuf dessins à la plume,
au crayon noir et à l'aquarelle.

Marchande de pommes. — Distribution de vin au peuple un jour de fête. —
Séance d'escrime. — Une course aux Champs-Élysées. — Défilé de voitures sur
les boulevards, etc.

696. VUE EXTÉRIEURE D'UN BAL DE BANLIEUE DE PARIS. Devant la
porte, au-dessus de laquelle est écrit *Casino gracioso*, stationne
un carrosse attelé de deux chevaux blancs. A la pierre d'Italie
et au crayon, avec rehauts d'aquarelle. Daté 1778.

H. 0.195. L. 0.125.

697. Vues des environs de Paris. Porte d'hôtel et monument
funèbre à Chaillot. — Chemin à Belleville. — Passerelle

dans un chantier à Passy. Trois dessins au crayon et au lavis d'aquarelle, signés et datés 1778 et 1779.

H. 0.165 à 0.190. L. 0.130.

400
Carnavalet

698. La Foire de Bezons. A la plume avec rehauts de sépia et de sanguine. Cadre en bois sculpté.

Cette composition, différente de celle gravée par l'artiste, représente de nombreux personnages mangeant et buvant en plein air sous des charmilles.

H. 0.190. L. 0.330.

231

699. Le Bal d'Auteuil. La tente entourée de barrières est élevée sous de grands arbres. Dans le fond l'église du village. Au crayon noir.

H. 0.175. L. 0.120.

SENAVE (J.-A.).
École flamande (1778-1829).

520
Carnavalet

700. Vue du Palais, prise du quai Pelletier, à l'extrémité du pont Notre-Dame. Peinture sur bois en largeur. Signée. Encadrée.

Très jolie composition animée de nombreux personnages. Le fond du tableau est formé par le Palais avec ses trois tours, la Sainte-Chapelle et la Pompe Notre-Dame. A droite le Pont-au-Change, à gauche le Pont Notre-Dame avec un bateleur et une compagnie de gardes nationaux qui défilent. Cette peinture a été exécutée vers 1800, époque de la démolition de la rue de la Pelleterie à laquelle de nombreux ouvriers sont occupés.

H. 0.370. L. 0.450.

TARAVAL (G.).
École française (XVIIIᵉ siècle).

16 „

701. Projet d'Hôtel-de-Ville à construire à Paris sur le bord de la Seine, en face le Louvre. Façade sur la Seine, comprenant un bâtiment à deux étages avec galerie ouverte au rez-de-chaussée. Au centre un pavillon avec dôme circulaire. Aux extrémités deux pavillons avec frontons triangulaires supportés par quatre colonnes. A la plume et à l'aquarelle.

H. 0.290. L. 0.760.

702. Projet d'Hôtel-de-Ville à construire à Paris sur le bord de la Seine, en face le Louvre. Façade donnant sur la Seine, comprenant un bâtiment à deux étages avec colonnade en demi-cercle dans le milieu. Les ailes de droite et de gauche sont

formées de galeries à arcades conduisant à deux pavillons à deux étages avec péristyles à colonnes. A la plume et à l'aquarelle.

H. 0.285. L. 1.275.

4 1 .. 703. Projet d'Arc de triomphe à élever sur la place Louis XV (place de la Concorde) en face du Garde-Meuble. Cet arc à trois ouvertures séparées par des colonnes d'ordre dorique est surmonté d'un groupe représentant la Loi tenant le bonnet phrygien. A ses pieds deux amours. Au-dessous de ce groupe un écusson aux armes royales. L'entablement est orné de hauts-reliefs formés de femmes tenant le faisceau consulaire. A la plume et à l'aquarelle. Signé.

H. 0.440. L. 0.870.

VASSÉ (Antoine-François).

École française (1683-1736).

704. Sculptures en bronze doré garnissant les arcades entourant le chœur de Notre-Dame de Paris. Six dessins à la sanguine sur 3 feuilles.

Ces sculptures représentent des montants avec emblèmes religieux surmontés de têtes d'anges.
H. 0.310. L. 0.210.

WAILLY (Charles de).

École française (1729-1798).

705. Salon du Museum où sont représentés les ouvrages exposés en 1789. Au crayon noir et à la sanguine. Signé et daté 1789.

H. 0.360. L. 0.375.

ZEEMAN (Renier Nooms, dit).

École hollandaise (XVIIe siècle).

706. Vue de Paris prise du pont Barbier. Peinture sur bois. Cadre ancien en bois sculpté.

Cette peinture, exécutée vers 1650, représente le Louvre, la tour du Bois et la porte Neuve, le Pont-Neuf, la Tour de Nesle, etc.
H. 0.260. L. 0.450.

DESSINS DE DIFFÉRENTS GENRES.

BARBIERI (G. Fr.), dit Il Guercino.

École italienne (1591-1666).

707. Le retour de l'enfant prodigue. A la plume.

H. 0.262. L. 0.208.

BAUDOUIN (Pierre-Antoine).

École française (1723-1769).

708. Frontispice de la Princesse de Navarre, comédie de Voltaire. A la mine de plomb, sur vélin, signé. Encadré.

A été gravé par *Baudouin* pour servir de frontispice à l'édition originale de la pièce de Voltaire, publiée en 1745.

H. 0.160. L. 0.110.

BÉRAIN (Jean).

École française (1638-1711).

709. Portraits de Louis XIV et de Mlle de La Vallière? en riches costumes de ballets. Ces personnages se tiennent debout dans un somptueux palais; l'homme s'appuyant sur une hache d'armes, la femme tenant un masque à la main. Deux gouaches sur vélin. Cadres anciens en bois sculpté.

Gouaches d'une exécution remarquable.

H. 0.350. L. 0.260.

710. Costumes de divers personnages du ballet de Pelée et de

Thétis dansé par Louis XIV en 1654. Quatre dessins à la gouache sur vélin. Encadrés.

Louis XIV en Apollon ; une Dryade; un Pêcheur de Corail et le danseur Beauchamp en chirurgien.
H. 0.320. L. 0.230.

BERGHEM (Nicolas).

École flamande (1620-1683).

711. Anes et chevaux arrêtés près d'une fontaine. A la mine de plomb.

H. 0.170. L. 0.245.

BERNARD.

École française (XVIIIe siècle).

712. Portrait de Marie-Antoinette. Aux crayons de couleurs. Signé et daté 1785. Encadré.

H. 0.190. L. 0.145.

BOILLY (Louis).

École française (1761-1845).

713. Portraits de Fragonard et de Hubert-Robert. Deux dessins au crayon noir et à l'estompe sur la même feuille.

H. 0.220. L. 0.320.

BOISSIEU (Jean-Jacques de).

École française (1736-1810).

714. Cinq dessins divers. A la plume et à la sépia.

Berger assis. — Études de têtes, etc.

BOSSE (Abraham).

École française (1605-1678 ?).

715. MOLIÈRE dans le rôle de Mascarille des *Précieuses ridicules.*

— ARMANDE BÉJART, rôle de Madelon des *Précieuses ridicules*. Deux peintures sur marbre. Encadrées.

Ces précieuses peintures portent au verso une inscription ancienne donnant le nom du personnage représenté, ainsi que le nom de *Bosse*. Elles ont été gravées en couleur par *Fillon*.
H. 0.200. L. 0.160.

BOSSE, CALLOT, ETC.

716. Costumes d'hommes et de femmes. Cinq dessins à la plume et à l'aquarelle.

Un des dessins est l'œuvre de *Fed. Zuccheri*, et a été exécuté en 1601.

BOUCHARDON (Edme).
École française (1698-1762).

717. Médailles commémoratives. Trois dessins à la sanguine sur deux feuilles. Signés et datés 1738-1742.

Médailles frappées pour les bâtiments du Roi, la Marine et la République de Genève. De forme ronde. Diam. 0.205.

BOUCHER (François).
École française (1704-1770).

718. Jeune femme en buste. Aux crayons de couleur.

Joli dessin. A été gravé en couleur par *Demarteau*.
H. 0.175. L. 0.138.

719. Un soldat debout, causant avec une femme étendue à terre, tenant sur elle un jeune enfant. Au crayon noir.

A été gravé par *Bonnet*.
H. 0.235. L. 0.185.

720. Amours jouant avec une chèvre. Au crayon noir et à la pierre d'Italie.

De forme ovale. H. 0.450. L. 0.545.

BOUCHER FILS (François).
École française (1740-1781).

721. Sacrifice à une déesse dans un temple circulaire avec colonnade. A la plume et à l'aquarelle. Signé.

Joli dessin. A été gravé.
De forme ovale. H. 0.210. L. 0.175.

9

CALLOT (Jacques).

École française (1592-1635).

240

722. Deux chars de triomphe ayant servi dans le Combat à la barrière de Nancy, en 1627. A la plume. Un des deux dessins est signé.

. H. 0.067. L. 0.123.

180

723. Arrivée dans une ville d'un grand seigneur et de sa suite, conduits dans des carrosses. Les autorités sont rassemblées pour le recevoir. A la plume.

H. 0.140. L. 0.300.

CALLOT, DELLA-BELLE, ETC.

47

724. Un mariage en plein air. — Croquis de cavaliers. — Études de paysans. Cinq dessins à la plume et à la sanguine.

CARMONTELLE (Louis Carrogis, dit).

École française (1717-1806).

220

725. Dame de qualité occupée à broder. A l'aquarelle. Daté 1781. Encadré.

H. 0.205. L. 0.170.

Puimodan 80
les 2 autres 100

726. Portraits divers. Quatre dessins aux crayons de couleurs.

M. le duc de Coigny. — Le Chevalier de Puimodam. — Le Chevalier de Leray.

CAYLUS (Ph. de Cubières, comte de).

École française (1692-1765).

21

727. Calotines et charges de divers artistes du dix-huitième siècle. Onze dessins à la sanguine.

Portraits de De Troy, Coustou, Oppenort, Le Moine, Cochin, La Joue, etc.
H. 0.125. L. 0.090.

CHABRILLAC.
École française (XIX⁰ siècle).

728. Scènes populaires, scènes de la Révolution, copies d'après les maîtres, etc. Quatre-vingt-six dessins à la plume, à la sanguine, à l'aquarelle et aux crayons de couleur, exécutés de 1821 à 1852, en un vol. in-4, demi-rel.

En tête, portrait de *Chabrillac* par lui-même. Le même volume renferme 12 dessins par divers artistes.

CHARDIN (J.-B. Siméon).
École française (1699-1779).

729. L'architecte Servandoni et sa famille. Aux crayons de couleurs. Signé et daté 1745.

H. 0.375. L. 0.500.

730. Une jeune femme, assise dans un fauteuil, est occupée à lire à la clarté d'une bougie, tandis que sa caMériste lui ondule les cheveux. A la gouache et aux crayons de couleurs. Cadre ancien en bois sculpté.

H. 0.270. L. 0.270.

731. Amateurs d'estampes réunis autour d'une table. A la plume avec rehauts de mine de plomb. Signé et daté 1769.

H. 0.120. L. 0.140.

CHOFFARD (P.-P.).
École française (1730-1809).

732. Les Saisons. Quatre dessins à la plume, lavés à la sépia.

Ces dessins ont été gravés par l'artiste lui-même, et ont été utilisés dans diverses éditions du poème des *Saisons*, par Saint-Lambert.
H. 0.135. L. 0.185.

CLERMONT.
École française (XVIII⁰ siècle).

733. Groupe d'Amours sur des nuages. A la sanguine.

H. 0.165. L. 0.215.

COCHIN (Charles-Nicolas).
École française (1715-1790).

200

734. Le Triomphe de la Religion. — Dieu le Père, Jésus-Christ et le Saint-Esprit dans une gloire au milieu des anges. Deux dessins à la sanguine, signés et datés 1772. Encadrés.

H. 0.260. L. 0.145.

10

735. Un prêtre célébrant la messe dans une chapelle devant plusieurs personnes. A la plume et à l'encre de Chine. Signé.

La décoration et l'ameublement de la chapelle n'ont aucun caractère religieux.
H. 0.140. L. 0.200.

20

736. Une femme assise sous un arbre choisit un cœur dans une corbeille tenue par des amours. A la sanguine. Signé N. C. et daté 1776. Encadré.

A probablement été gravé pour illustration.
H. 0.140. L. 0.090.

42

737. Portrait de M. Bizet. Au crayon noir. Signé et daté 1781.

De forme ronde. Diam. 0.100.

90

738. Portraits de Guillaume Coustou, sculpteur, et de Ch. Pierre Coustou, architecte. Deux dessins au crayon noir.

H. 0.160. L. 0.140.

21

739. Portrait de l'abbé Guyonet de Monbaleu. Au crayon noir. Signé et daté 1773.

De forme ronde. Diam. 0.100.

81

740. Portrait de A. Pajou, sculpteur. Au crayon noir.

De forme ronde. Diam. 0.100.

31

741. Portrait de J. J. Parrocel. Au crayon noir.

H. 0.135. L. 0.115.

120

742. Portraits de P. A. Slodtz, Sebastien Slodtz et Michel-Ange Slodtz. Trois dessins au crayon noir sur vélin, signés.

De forme ronde. Diam. 0.105.

199

743. Portrait de J. G. Soufflot. Au crayon noir. Signé et daté 1753.

H. 0.175. L. 0.120.

2/.

744. Croquis divers pour la Jérusalem délivrée, l'Histoire de France, etc. Dix-huit croquis au crayon noir.

Un de ces croquis, très achevé, représente le mariage d'un prince de Savoie.

COUSIN (Jean).
École française (1500-1589).

1680 „

745. ARMOIRIES, EMBLÈMES ET DEVISE DU ROI HENRI II. Miniatures sur vélin.

Deux miniatures exécutées sur chacun des côtés d'une feuille de vélin.

Au recto de la feuille les armoiries du roi, entourées du cordon de l'ordre de St-Michel, supportées par deux femmes ailées se détachant sur un fond richement orné. Au verso de la même feuille l'emblème du roi, le croissant couronné entouré de flèches, carquois, croissants et chiffres entrelacés. Tous ces emblèmes sont peints sur un ciel d'argent entouré de nuages.

Au bas dans un cartouche on lit ce quatrain :

Donnez puissance souveraine
Au croissant de France tel cours.
Qu'il vienne jusqu'à lune plaine
Sans jamais entrer en decours.

Un feuillet semblable portant les armoiries, emblèmes et devise du cardinal Charles de Lorraine a figuré en 1884 à la vente de M. A. Firmin-Didot. Ces deux miniatures doivent provenir d'un recueil d'emblèmes dont les feuillets ont été dispersés.

'H. 0.218. L. 0.152.

COYPEL (Ch.-Ant.).
École française (1694-1752).

12/

746. Entrée triomphale de Sancho Pança dans l'île de Barataria. Aux crayons de couleur. Signé. Encadré.

A été gravé et exécuté en tapisserie.
H. 0.400. L. 0.470.

120

747. Mme Du Deffand dictant son testament en faveur de son Chat. A la plume.

La marquise est dans son lit, son chat assis à côté d'elle. A été gravé par le *Comte de Caylus.*
H. 0.140. L. 0.160.

DAVID (Jacques-Louis).
École française (1748-1825).

9/0

748. Portrait d'un général de la République. A l'encre de Chine. Signé. Encadré.

De forme ronde. Diam. 0.180.

DESSINS DE DIFFÉRENTS GENRES.

749. Portrait de Volney et portrait d'homme. Deux dessins au crayon noir, signés et datés 1797 et 1822.

DELLA BELLA (Stefano).
École italienne (1610-1664).

750. RECUEIL DE DESSINS ORIGINAUX, 1630-1654, en un vol. in-4, vélin.

> Sous ce titre se trouvent réunis 194 dessins et croquis de *Della Bella* à la plume et au crayon. Ces esquisses sont exécutées avec la finesse et l'esprit qui caractérisent le maître graveur.
> Une série importante représente des cavaliers et des combats.

751. Chasse à la biche et à l'autruche. A la plume sur vélin.

> Beau dessin qui a été gravé à l'eau-forte par l'artiste. Il est compris dans un riche encadrement orné avec bordures sur fond or.
> H. 0.204. L. 0.405.

DESRAIS (Claude-Louis).
École française (1746-1816).

752. Le buste de Voltaire couronné par la Renommée. A la plume, rehaussé de sépia.

> A été gravé aux deux crayons par *Nortap*? Une épreuve de la gravure est jointe au dessin.
> H. 0.270. L. 0.170.

753. Jeune femme à sa toilette donnant une réponse à un serviteur. A la plume, rehaussé de sépia.

> De forme ovale.
> H. 0.150. L. 0.115.

754. Huit croquis divers sur cinq feuilles. A la plume, à l'encre de Chine et à la sépia.

> Couronnement de Voltaire; L'Audacieux; Le Coiffeur, etc.

755. Porte-Drapeau. A la plume et lavis d'encre de Chine. Signé et daté 1772.

> H. 0.235. L. 0.175.

756. Portraits de maréchaux : Davoust, Mortier, Berthier,

Oudinot, Moncey, etc. Huit dessins à la plume et à la sépia en forme de médaillons.

De forme ronde. Diam. 0.075.

DIEPENBEEK et autres artistes.

École flamande.

757. Cavaliers au manège. Sept dessins à la plume et au crayon.

Plusieurs de ces dessins ont été gravés.

DIVERS

758. Recueil de dessins de différents genres. En un vol. in-fol., demi-rel. dos et coins de vélin.

Recueil factice composé de 210 dessins appartenant à toutes les écoles et à tous les genres ; les dessins dus à des artistes français du XVIII° siècle en forment la plus grande partie. Citons un dessin d'*Aldegraver* (la première guillotine) ; 6 dessins de *S. Le Clerc* (paysages) ; 2 dessins de *Brebiette* (frises) ; 6 dessins de *Giffart*, représentant les Vaisseaux ayant figuré sur l'Arno dans une fête à Florence en 1664 ; 2 aquarelles en forme d'écrans de *Germain de Saint-Aubin* ; 8 dessins et croquis de *Aug. de Saint-Aubin*, dont le portrait de sa femme ; 3 dessins d'*Eisen* à l'aquarelle, dessus de tabatières et de nombreux dessins et croquis par *Watelet, D. Bertaux, Stoebach, Parocel, Laffite, Hersent, Delaroche, Gillot, Breughel, Lantara, Véronèse,* etc., etc.

Parmi les dessins anonymes citons : *La Prédication* et un *Mariage au XVII° siècle* ; *Louise de France entrant aux Carmélites* ; l'*Abbé surpris* accompagné de la gravure au bistre, etc.

759. Vues de la Hollande et scènes de mœurs hollandaises exécutées par des artistes hollandais, principalement du dix-septième siècle. Soixante-quinze dessins au crayon, à la plume, à l'aquarelle.

Dessins de *Bril, Van Steyden, Breughel, Van Uden,* etc.

760. Paysages, vues de villes, scènes maritimes. Soixante dessins à la plume, à la sépia, à l'aquarelle.

Vues de Paris, vues de Marly par Guillaumot, vues d'Italie, etc.

DUPLESSIS - BERTAUX.

École française (1749-1818).

761. La Marchande de marrons. Au crayon noir, signé et daté 1770.

Beau dessin où sont représentés neuf personnages ; types parisiens du siècle dernier.

H. 0.195. L. 0.235.

DUSART (Cornelis).

École flamande (1660-1704).

3

762. Paysan à mi-corps appuyé contre un meuble; il tient un broc de la main gauche. A l'aquarelle. Signé.

H. 0. 096. L. 067.

5°

763. Intérieur de magasin. A la plume avec rehauts de blanc et de sépia.

H. 0. 165. L. 0. 150.

DUVIVIER (Jean).

École française (1686-1761).

790

Carnavalet

764. Portraits des Rois Louis XV et Louis XVI, de la reine Marie-Antoinette et autres personnes de la Cour exécutés en médailles ou jetons. Trente-deux dessins au crayon et à la sanguine en un vol. in-fol., veau marbré, fil., tr. rouge.

Important recueil de dessins de *Duvivier*, graveur en médailles. Ces dessins destinés à servir de modèles pour la gravure sont exécutés au crayon ou à la sanguine avec une perfection merveilleuse.

Le volume contient 32 dessins, savoir : Portraits de Louis XV, 10 dessins ; portraits de Louis XVI, 3 dessins ; portrait de Marie-Antoinette jeune, 1 ; portraits de Louis XVI et de Marie-Antoinette sur la même médaille, 1 ; portraits du Dauphin, 2 ; portrait du duc de Bourgogne, 1 ; portrait du Cte de Provence, 1 ; portraits de la C^sse de Provence, 2 ; portrait de la C^sse d'Artois, 1 ; portrait de Marie-Thérèse, 1 ; portrait de Henri IV, 1 ; du duc de Villars, 3 ; de Bonaparte, 1 ; de Lebrun, 1 ; de divers, 3.

ÉCOLE ALLEMANDE.

(XVIe siècle).

21°

765. L'Adoration des mages. — L'Ascension. — Saints et saintes. Quatre dessins de différents artistes. A la plume.

Un des dessins est attribué à *Martin Schoën* et un autre à *Erard Schoën.*
Deux de ces dessins sont compris dans des encadrements très ornés.

9°

766. Jeune femme debout, tenant une fleur dans sa main droite, un écu dans sa main gauche. A la plume. Signé des lettres W. H. G. W.

Exécuté par un artiste de l'école de *Martin Schöen.*
Des collections ANDRÉOSSY et DIDOT.

H. 0. 280. I. 0. 150.

767. Plusieurs têtes d'hommes et de femmes et une tête de mort sur la même feuille. A la plume.

Beau dessin d'un artiste de l'école de Nuremberg.
De la collection H. HAMAL.
H. 0. 180. L. 0. 145.

ÉCOLE FLAMANDE.

768. Sujets divers. Quatre dessins par Stradan, Ostade et K. Du Jardin.

ÉCOLE DE FONTAINEBLEAU.

(XVIᵉ siècle).

769. Les Noces de Cana, dessin attribué à François Primatice. A la plume et à la sépia.

H. 0. 450. L. 0. 370.
On y joint 2 dessins de la même école : Portrait d'un pape et Fragment d'un Jugement dernier.

770. Sujets divers. Cinq dessins à la plume rehaussés à la sépia.

Mars et Vénus — Vénus et l'Amour — Massacre des enfants de Niobé — L'Éléphant royal.
Grands et beaux dessins ; quelques-uns ont été gravés.

771. Sujets divers. Douze dessins à la plume rehaussés à la sépia.

Diane chasseresse. — Scène navale. — L'Étude. — Création d'Eve. — Les Vertus, etc.

ÉCOLE FRANÇAISE.

(XVᵉ siècle).

772. Encadrement de page tiré d'un manuscrit. Peinture à la gouache sur vélin.

On n'a conservé de la page que les quatre bordures ornées d'arabesques, de fleurs, de feuilles, de personnages, de grotesques, et de quatre blasons dont deux différents.
H. 0.278. L. 0.270.

ÉCOLE FRANÇAISE.

(*XVIe siècle*).

14/

773. L'Amour ramant dans une barque richement décorée dont la proue est formée par un triton ailé portant un enfant qui s'attache par les bras à une Néréide couchée sur une volute. A la plume.

H. 0.140. L. 0.230.

160

774. Modèle de fanon. A la plume rehaussé de sépia.

Un chevalier tout armé est agenouillé aux pieds de Dieu. Il reçoit de deux anges des palmes et des couronnes. A ses pieds plusieurs Turcs qu'il a vaincus.
H. 0.217. L. 0.375.

2/0

775. Sujets divers. Neuf dessins à la plume rehaussés.

Dessins attribués à *Jean Cousin*, *Etienne Delaune*, *L. Gaultier*, etc.

ÉCOLE FRANÇAISE.

(*XVIIe siècle*).

29

776. Sujets divers. Quatorze dessins par S. Le Clerc, S. Vouet, A. Bosse, etc.

ÉCOLE FRANÇAISE.

(*XVIIIe siècle*).

13

777. Image de confrérie. Dans un cadre richement orné sont représentés deux personnages vêtus en abbés, tenant un lys à la main et invoquant la Vierge qui apparaît dans les nuages. A la sanguine.

H. 0.365. L. 0.255.

10

778. Fête romaine célébrée dans un vaste temple avec colonnade. A la plume et à l'aquarelle.

H. 0.515. L. 0.385.

7

779. Deux miniatures extraites d'un Antiphonaire. Sur vélin.

Chacune de ces miniatures représente un abbé d'ordre différent. Encadrements très ornés.
H. 0.335. L. 0.315.

2o/

780. Griffonnages et études diverses dessinés d'après nature à Londres et aux environs en 1773. Quarante-huit dessins à la sépia, le trait à la plume, in-4, vélin.

Scènes rustiques, paysages, intérieurs de cabarets, scènes de mœurs, etc.

1/1

781. Trente-trois dessins de divers genres.

Dessins des *Saint-Aubin*, de *Leprince*, de *Gravelot*, de *Denon*, de *Monnet*, de *Chardin*, de *Watteau*, etc.

12

782. Figures pour un almanach en forme de médaillon. Douze dessins à la plume et à l'encre de Chine.

783. Sujets divers. Dix dessins de différents artistes.

1/0

784. Dix dessins divers. A la plume, à la sépia et au crayon noir.

ÉCOLE HOLLANDAISE.

(*XVIIIe siècle*).

2 3o

785. Fête populaire en Hollande. Arracheurs de dents, saltim-banques, marchands ambulants, entourés de nombreux personnages. A l'aquarelle.

H. 0.300 L. 0.430.

ÉCOLE ITALIENNE.

(*XVe siècle*).

786. Sur la même feuille, études de quatre hommes nus tenant ou brisant un bâton. A la plume sur vélin.

H. 0.160. L. 0.270.

ÉCOLE ITALIENNE.

(*XVIe siècle*).

20

787. Le Triomphe d'un Empereur Romain. Grand défilé avec chars, éléphants, soldats, musiciens, etc. A la plume, avec lavis d'aquarelle.

H. 0.360. L. 0.755.

280

788. Sujets divers. Six dessins à la plume rehaussés à la sépia

1. *Fr. Mazzola* dit *Le Parmesan* : l'Annonciation. Collection MARIETTE.
2. Neptune. Minerve, 2 croquis attribués à *G. Pippi*, dit *Jules Romain*.
3. Assaut d'un bateau par *Polydore de Caravage*.
4. Feuille de croquis par *Baccio Bandinelli*.
5. Vie de la Vierge, par *Nicolo dell' Abbate*.

19

789. Sujets divers. Quatorze dessins de différents artistes, à la plume et à la sanguine, etc.

ÉCOLE ITALIENNE.

(*XVIIe siècle*).

10

790. Lancement d'une galère sous le Pontificat du pape Alexandre VII. A la plume avec rehauts d'encre de Chine.

H. 0.305. L. 0.560.

ÉCOLE ITALIENNE.

(*XVIIe et XVIIIe siècles*).

19

791. Sujets divers. Trente-neuf dessins par différents artistes.

FRAGONARD (Jean-Honoré) ?

École française (1732-1806).

32

792. Une femme ailée se pressant le sein pour allaiter un jeune enfant étendu sur des nuages. A la plume et à la sépia.

De forme ovale. H. 0.310. L. 0.245.

GOSSAERT (Jean), dit de Mabuse ou de Maubeuge.

École flamande (1470 (?)-1532).

61

793. Deux personnages en costumes de ballet représentant, l'un le Soleil et l'autre la Lune. Deux dessins à la plume avec rehauts d'aquarelle.

H. 0.160 et 0.145. L. 0.066.

GRAINCOURT.
École française (XVIIIᵉ siècle).

1/0

794. Portraits de marins célèbres : Tourville, le Cᵗᵉ Forbin, Duquesne, de la Bourdonnais, etc. Treize dessins à la mine de plomb, sur vélin, signés et datés 1778 à 1780.

De forme ovale. H. 0.105. L. 0.090.

GRAVELOT (Hubert-François).
École française (1699-1773).

226

795. Portraits de Henri III, Henri IV, Louis XIII, Louis XIV et Louis XV, dans des médaillons soutenus par des amours et destinés à servir d'en-têtes. Cinq dessins à la plume et à la sépia.

Ces dessins ont été gravés pour servir d'en-têtes dans le *Catalogue des Chevaliers de l'Ordre du Saint-Esprit*, publié en 1760.
H. 0.090. L. 0.135.

HOLLAR (Wenceslas).
École allemande (1607-1677).

280

796. Les Cinq sens représentés par des femmes en buste dans des médaillons. Cinq dessins à la plume sur vélin.

De forme ronde. Diam. 0.090.

HOUEL (J.-P. Louis).
École française (1735-1813).

30

797. Fouilles faites dans un temple antique en partie ruiné. Des ouvriers chargent une statue sur une voiture à l'aide d'un cabestan. Dans le fond, palais avec colonnade. A la plume et à la sépia. Signé et daté 1763.

H. 0.410. L. 0.470

INGRES (Jean-Auguste-Dominique).
École française (1780-1867).

200

798. Portrait de Pradier, sculpteur. Au crayon noir avec rehauts de blanc. Signé et daté de Rome, 1817.

H. 0.130. L. 0.105

LAINÉE.
École française (XVIII° siècle).

799. Concert au salon. Dix personnages, dont une jeune femme, chantent et jouent de divers instruments. Plusieurs auditeurs sont debout ou assis autour du salon. A l'aquarelle. Signé. Cadre en bois sculpté.

H. 0.335. L. 0.480.

LALLEMAND (J.-B.).
École française (1710-1803 ?)

800. Charlatan italien sur la place de la Rotonde à Rome. A la plume et à l'encre de Chine. Signé.

Dans le fond le Panthéon d'Agrippa.
H. 0.255. L. 0.380.

LAMI (Eugène).
École française (1800-1890).

801. Grenadier au port d'arme. A l'aquarelle. Daté 1827.

Au v° croquis au crayon.
H. 0.230. L. 0.165.

LA RUE (Louis-Félix de).
Ecole française (XVIII° siècle).

802. Huit dessins divers. A la plume rehaussés de sépia. Vénus. — Tentation de St-Antoine. — Sacrifices. — L'Amour et Psyché, etc.

Plusieurs de ces dessins sont signés et datés.

LE BAS (Jacques-Philippe).
École française (1707-1783).

803. Portrait de Madame Favart dans le rôle de Ninette du Caprice amoureux, comédie de Favart. A la mine de plomb avec rehauts de lavis. Signé Le B. et daté 1754. Encadré.

A été gravé par *Le Bas* pour le *Théâtre de Favart*.
H. 0.140. L. 0.095.

LEMOINE (Fr.).
École française (1688-1737).

180

804. Album de dessins et de croquis, portraits, types d'hommes et de femmes, paysages, sujets divers, etc. Soixante-dix dessins à la sanguine, au crayon noir et aux crayons de couleur. En un vol. in-4, demi-rel.

Parmi les portraits contenus dans ce volume, on remarque ceux de M. et Mme Lemoine.

LE PRINCE (J.-B.).
École française (1734-1781).

805. Femmes moscovites, accompagnées d'un enfant. A la sépia. Signé et daté 1764. Encadré.

H. 0.210. L. 0.145.

LEYDE (Lucas de).
École hollandaise (1494-1533).

100

806. Sept têtes d'hommes et de femmes sur la même feuille. A la plume.

Collection DONNADIEU et GASC.
H. 0.095. L. 0.108.

MALAPEAU (Claude-Nicolas).
École française (1755-1804).

20

807. Chasseurs au rendez-vous sonnant du cor. A l'aquarelle. Signé.

H. 0.095. L. 0.128.

MARILLIER (Pierre-Clément).
École française (1740-1808)

30

808. Illustrations pour le Cabinet des fées. Soixante-et-onze dessins à la plume et l'encre de Chine.

Parmi ces dessins qui ont été gravés pour l'édition de *Paris* 1785-1789, on remarque ceux pour les *Contes de Perrault*, les *Mille et une nuits*, les *Mille et un jours*, etc.

160

809. Illustrations pour les Œuvres choisies de Lesage. Vingt-sept dessins à la plume et à l'encre de Chine.

> 7 dessins pour *Gil Blas* ; 4 dessins pour le *Diable boiteux* ; 9 dessins pour le *Théâtre* : 7 dessins pour divers romans.
> Ont été gravés pour l'édition publiée à *Paris* en 1783, 15 vol. in-8.

23

810. Illustrations pour l'Histoire de Clarisse Harlowe de Richardson. Douze dessins à la plume et à l'encre de Chine.

> Ont été gravés. On y joint : 1° 7 dessins du même artiste pour les *Œuvres de Berquin*. 2° 6 dessins pour les *Œuvres du comte de Caylus*. 3° 2 dessins pour le *Diable amoureux* de Cazotte. Ensemble 27 dessins.

811. Illustrations pour les Œuvres du comte de Tressan. Sept dessins. A la plume et à l'encre de Chine.

> Ont été gravés pour l'édition des *Œuvres*, 1787-1789, 12 vol. in-8.

40

812. Illustrations pour les Voyages Imaginaires, Songes, Visions et Romans cabalistiques. Vingt-six dessins à la plume et à l'encre de Chine.

> Dessins à la plume et à l'encre de Chine. Ont été gravés pour l'édition de *Paris*, 1787-1789.

MAROT (Daniel).
École française (1650-1712 ?).

21

813. Samson renversant les colonnes du temple de Dagon. A la plume et au lavis d'encre de Chine. Signé.

H. 0.255. L. 0.420.

MIGER (S.-C.).
École française (1747-1805).

57

814. Portrait de Nicolas Suin, pensionnaire du Roi. Signé et daté 1788.

De forme ronde. Diam. 0.130.

MOLA (P.-F.).
École italienne (1612-1668).

3

815. Sainte Madeleine dans le désert. A la plume rehaussé d'encre de Chine. Signé.

H. 0.370. L. 0.295.

MONNET (Charles).
École française (1732-1816).

1300

816. LA CONSULTATION. Dans un riche intérieur, une jeune femme est assise vis-à-vis de son médecin, qui écoute les explications données par la mère de l'intéressante malade. A la plume et à la sépia. Signé et daté 1775. Encadré.

H. 0.270. L. 0.210.

MONSIAU (N.-A.).
École française (1754-1837).

900

817. L'Impératrice Joséphine visitant le Salon de 1808. Elle est accompagnée du baron Denon et d'une nombreuse suite. A la sépia. Signé. Encadré.

H. 0.215. L. 0.210.

NORBLIN (Jean-Pierre).
École française (1745-1830).

6

818. Adoration des Rois Mages. Au crayon et à la plume, avec lavis d'encre de Chine.

H. 0.215. L. 0.275.

17

819. Charge de cavalerie. Au crayon noir et lavis d'encre de Chine. Signé et daté 1801.

H. 0.205. L. 0.325.

6

820. Six dessins divers. A la plume et au crayon avec lavis d'encre de Chine.

Choc de Cavalerie. — Tête de Vieillard. — Anachorète, etc.

OUDRY (J.-B.).
École française (1686-1755).

42

821. Le loup et l'agneau. A la plume et à la pierre d'Italie. Signé.

H. 0.190. L. 0.250.

PARROCEL (Charles).
École française (1688-1752).

40

822. Un Combat de cavalerie. A la plume et à la sépia.
H. 0.455. L. 0.840.

26

823. Une Orgie. Deux femmes se lamentent en voyant leurs maris ivres. A la plume avec rehauts de sépia et d'encre de Chine.
H. 0.155. L. 0.100.

PERIGNON (Nicolas).
École française (1727-1782).

370

824. COLLECTION DE DESSINS ORIGINAUX à l'aquarelle, et de gravures à l'eau-forte, de Nicolas Pérignon, peintre du Roi. 1776-1780, in-4, mar. vert, dos orné, dent., tabis, tr. dor. *(Relié par Bradel, succⁱ de Derome.)*

> Recueil de 63 très jolis dessins originaux à l'aquarelle, représentant des paysages et sites des environs de Paris, de la Normandie (environs de Dieppe, de St-Valery), de la Bretagne, de la Suisse, etc.
> Le volume contient en outre 36 estampes de paysages gravées à l'eau-forte par *N. Pérignon.* Ces figures sont les seules qui aient été gravées par cet artiste, elles sont ici en premières épreuves.
> Les dessins et gravures qui composent cette collection ont été données en 1780 par *Pérignon* à un de ses élèves. Le volume a depuis appartenu à M. Lomet, baron des Foucaux, qui a fait précéder le recueil d'une notice sur Pérignon.

PIERRE (J.-B.-Marie).
École française (1715-1789).

42

825. Une scène de Don Japhet d'Arménie, comédie de Scarron. A la plume avec rehauts d'encre de Chine et de blanc sur papier bleuté. Signé. Encadré.
H. 0.210. L. 0.275.

PORTRAITS.

380

826. Recueil de portraits d'hommes et de femmes du XVᵉ siècle

à nos jours. Cinquante-quatre dessins à la mine de plomb et à la sanguine, en un vol. in-4, veau, fil., tr. dor.

> Portraits de Amb. Paré, Ravaillac, Mellin de St-Gelais, Passerat, Descartes, Th. Corneille, Catherine de Russie, la Chevalière d'Eon, Joseph II, Cardinal de Polignac, Gilbert, Lafayette, Bonaparte, Baron Gros, Louis XVIII, le duc d'Enghien, Parny, Princesse de Salm, etc.
>
> Parmi les auteurs des dessins, citons *Zuccaro, Moreau, Baudet, Duché de Vancy, Boiseau fils, Wille, Aubrie* (portrait de Mlle Marguerite Lecomte), *Dien* (portrait de Mme de Staël), *Mme du Cayla* (curieux portrait de la Duchesse d'Angoulême), etc.

827. Personnages célèbres du commencement du XVIe siècle. Vingt-deux dessins à l'aquarelle, le trait à la plume, en un vol. in-4, vélin.

> Ces portraits en médaillon portent en exergue le nom du personnage: Frisius, Durer, C. Celtes, J. Stöffler, Ulrich de Hutten, Melanchton, C. Agrippa, Erasme, Pisanus, Guarini, Dante, Savonarole, Pie II, Isabelle Sessa, etc.
>
> Ces dessins exécutés en Allemagne au XVIe siècle, doivent avoir été utilisés comme modèles pour des médailles.

828. PORTRAITS DES PRINCIPAUX PERSONNAGES FRANÇAIS DU XVIe SIÈCLE. Quarante-huit dessins aux crayons de couleur. En un vol. pet. in-fol., basane. (*Rel. anc.*).

> Très intéressant recueil de 48 *crayons* exécutés à la fin du XVIe siècle, d'après les dessins de *Clouet, Quesnel, Caron, Dumonstier, etc.*
>
> Parmi les portraits, citons ceux de la Comtesse d'Angoulême, Claude de France, Henri d'Albret, Duchesse d'Alençon, Duchesse de Ferrare, Reine de Hongrie, M. de Guyse, Duc de Clèves, Mme de Rohan, Diane de Poitiers, M. de Bourbon, M. de Lautrec, Mme de Bourbon, Mlle de Civry, Mme de Crussol, etc.
>
> Ce volume a appartenu, à la fin du XVIe siècle, à HUART DE BEUVRET, trésorier de Rennes.

829. Portraits de personnages célèbres des seizième et dix-septième siècles. Trente-deux dessins au crayon, à la plume, à la sanguine, etc.

> Maurice Scève, Scaramouche, Jacques II, Villeroy, Fagon, Ravaillac, A. Paré, Erasme, etc.

830. Portraits de personnages français du XVIIIe siècle, principalement de l'époque de la Révolution. Cinquante dessins au crayon, à la sépia, à la plume.

> Portraits de Rousseau, de l'abbé Aubert, de Robespierre, de Charrette, de Viala, etc.

831. Portraits de personnages français du XIXe siècle. Cent portraits au crayon noir, à la plume et à la sépia.

> Portraits de Charles X, du duc de Richelieu, des maréchaux Moreau, Suchet,

Masséna, du prince de Bénevent, de Monthyon, de Lamartine, de Crémieux, de
Victor Cousin, de Raspail, de nombreux députés de 1830, de membres de l'Institut, de savants, etc.

832. Portraits de Charles IX, de Henri IV, de Marguerite de
Valois, de Diane de Poitiers et d'Agnès Sorel. Cinq dessins
aux crayons de couleurs, exécutés en France au seizième
siècle.

833. Les princes et princesses de la maison de Bourbon jusqu'à
Louis XIII réunis autour de Saint Louis. Dessin d'un
artiste français du dix-septième siècle. A la plume rehaussé
de sépia.

H. 0.300. L. 0.550.

834. Recueil de portraits de princes et princesses de la maison
de France et de souverains étrangers. Vingt-trois dessins au
crayon, à la plume et à la sépia par Parizeau, Desrais,
Mauge, Henriquel-Dupont, etc.

Marie-Antoinette, Marie-Louise, la reine Hortense, Louis XVIII, Charles X,
le duc et la duchesse d'Angoulême, le duc de Berry, François II, Alexandre Ier,
Frédéric III, etc.

835. Portraits du marquis de Paulmy, de Buffon et autres
personnages du dix-huitième siècle. Onze dessins à la mine
de plomb et à la sanguine, par Le Carpentier, Pujos, Trinquesse, Le Villain et Martinet.

836. Collection de soixante-six portraits de femme des dix-
huitième et dix-neuvième siècles. Dessins à la mine de
plomb, à la sanguine, à la sépia, etc.

Parmi ces portraits, on en remarque par *Gaucher, Pujos, Vinsac, Trinquesse,
Vivant-Denon, Mme Vigée-Lebrun*, etc. Parmi les personnages représentés,
citons : la princesse de Beauvau, la baronne de Noyellet, la comtesse de Che-
vigné, la marquise de Villette, Mme de Tourzel, Théroigne de Méricourt, etc.

837. Portraits de personnages religieux des dix-septième, dix-
huitième et dix-neuvième siècles. Vingt-cinq dessins au
crayon, à la plume et à la sanguine.

838. RECUEIL DE PORTRAITS D'ARCHITECTES, PEINTRES, sculpteurs
et graveurs français et étrangers, dessinés par eux-mêmes ou
par d'autres artistes. Trois cent-quatre-vingts dessins aux

crayons de couleur, à la mine de plomb, à la sanguine, etc.,
en un vol. in-fol., demi-rel. dos et coins de mar. brun.

Un nombre considérable d'artistes se trouvent représentés dans ces portraits:
Boffrand, de Boissieu, Boilly, Blondel, Chardin, Delacroix, Devéria, G. de Saint-
Aubin, Gérard, Girodet, J. Goujon, le Guerchin, Isabey, Largillière, Massé,
Mlle Mayer, Mique, Le Moine, Roettiers, Soufflot, B. Stella, De Troy, J. Vernet,
etc., etc. Ces portraits sont l'œuvre de *Wierix, Van Dyck, Lebas, Cochin,
Saint-Aubin, Trinquesse, Vincent, David, Dien, Duplessis-Bertaux, Monsiau,
Callot, Hersent, Boilly, Isabey, Racinet,* etc.
Collection de portraits des plus intéressantes.

839. Portraits, charges et croquis exécutés par les élèves de
l'atelier du peintre Léon Coignet. Deux cent-vingt dessins
au crayon et à la plume, en un vol. in-4, demi-rel. mar.
rouge.

PRUDHON (P.-P.).

École française (1758-1823).

840. Projet d'Adresse. Aux côtés d'un cube en maçonnerie,
surmonté de deux palmes, sont assises deux femmes, personnifiant la Science et l'Histoire. Au crayon noir.

De la collection de BAUFFREMONT.
H. 0.048. L. 0.112.

ROBERT (Hubert).

École française (1733-1808).

841. Bergers et bergères conduisant un troupeau au milieu de
ruines antiques. A la plume et à l'aquarelle. Signé. Encadré.
H. 0.500. L. 0.335.

842. Rivière bordée de palais en ruines. Elle est sillonnée de
barques avec promeneurs. A la plume et à l'aquarelle.
H. 0.465. L. 0.635.

843. Ruine d'un temple avec colonnades. A l'aquarelle sur
vélin.
H. 0.165. L. 0.125.

844. Cour circulaire d'un palais avec portique. Au milieu, une
fontaine de forme rectangulaire avec angles ornés de sirènes.

Détail d'un de ces angles dans un des coins du dessin. A la sanguine.

H. 0.265. L. 0 325.

845. Cinq dessins divers. A la plume et à la sépia.

Vue du Campo-Vaccino à Rome. — Ruines antiques. — Visite d'un musée.

SAINT-AUBIN (Les).

École française (XVIII⁰ siècle).

28 100 /
Morgan

846. DESSINS DES St-AUBINS (sic.) En un vol. in-fol., basane (*Rel. anc.*)

Album précieux, monument de l'art du dessin en France au siècle dernier. Il contient des dessins des **différents** membres de la famille *Saint-Aubin* et particulièrement des deux frères *Gabriel* et *Augustin de Saint-Aubin,* deux des plus fins et charmants crayonneurs qui aient existé.

Cet album, célèbre dans l'histoire artistique sous le titre : *Le livre des Saint-Aubin* a été déjà plusieurs fois décrit. MM. de Goncourt ont donné dans l'*Art au XVIII⁰ siècle*, la description des dessins les plus importants qui y sont renfermés ; nous nous bornerons donc à donner une notice sommaire de ce volume.

Les dessins de *Gabriel de Saint-Aubin* sont au nombre de 94, exécutés par les procédés les plus divers, à la plume, au crayon noir, à la pierre d'Italie, à l'aquarelle, etc.; quelquefois, en utilisant ensemble ces divers procédés. Parmi les plus importants, citons :

1° Trois portraits de Mˡˡᵉ Clairon sur la même feuille (Admirable dessin, une des perles de l'album).

2° Marie-Antoinette entrant à Paris.

3° Marie-Antoinette à cheval.

4° La Minerve de Mˡˡᵉ Saint-Quentin, marchande de modes.

5° Le roi Salomon dans son palais.

6° Portrait de Mˡˡᵉ Arnould aux Augustins.

7° Boutique de Mˡˡᵉ Saint-Quentin.

8° Le Chevalier Bossu porté en triomphe.

9° Arrestation d'une dame.

10° Intérieur de sérail.

11° Le Cabinet de M. Réaumur.

12° Ulysse dans le ballet des Vents.

13° Le Nain de la foire.

14° Combat en champ clos, etc., etc.

Les dessins d'*Augustin de Saint-Aubin* sont au nombre de 84, exécutés à la plume, à la sépia et aux crayons de couleur ; la plus grande partie (45) est constituée par d'admirables portraits d'hommes, de femmes et d'enfants. Certains de ces portraits représentant des femmes célèbres du dix-huitième siècle, sont de véritables chefs d'œuvre.

Outre les portraits, citons :

1° Ballet des Savoyards.

2° Jeux des polissons de Paris, 2 dessins.

3° Le Triomphe de l'Amour, plafond.
4° Nef pour le roi.
5° Statue de Louis XV.
6° Promeneurs, militaires, gardes et types populaires, etc.

Les dessins de *Germain de Saint-Aubin*, frère aîné d'*Augustin* et de *Gabriel*, dessinateur du roi pour la broderie, sont au nombre de 57 ; ils sont aussi exécutés par divers procédés, le plus souvent à l'aquarelle ; ils sont plutôt consacrés à des modèles d'objets mobiliers, citons :

1° Le Frontispice du recueil.
2° *Papillonneries humaines*, 7 dessins.
3° Chiffres entrelacés, 4 dessins.
4° Modèle de lustre exécuté pour le roi de Prusse.
5° Lit de parade de Mᵐᵉ de Ruffec.
6° Dossier d'un lit de Mᵐᵉ de Brancas.
7° Caparaçon brodé pour le roi de Portugal.
8° Décoration de boudoir.
9° Dais pour M. de Chevreuse.
10° Modèles d'écran, canapé, char, ex-libris, etc., etc.

A ces 235 dessins des trois frères *Saint-Aubin*, sont joints 43 dessins de leur père, de leur tante, de leurs sœurs, de leurs frères, de leurs femmes, etc., et 5 dessins par divers artistes dont 4 par *Boucher*, et un portrait de femme, splendide dessin aux crayons de couleur par *Denon*. Ensemble 283 dessins.

SAINT-AUBIN (Augustin de).

École française (1736-1807).

847. Portrait de M. de Nivernais. Aux crayons de couleur. Signé et daté 1796.

De forme ovale. H. 0.095. L. 0.085.

848. Portrait de Marie-Françoise de Saint-Aubin. Aux crayons de couleur. Daté 1771.

De forme ovale. H. 0.130. L. 0.110.
D'après une note manuscrite, l'ajustement a été modifié en 1792

849. Portrait de jeune fille de profil à gauche dans un encadrement rond porté par un nœud de rubans. Au crayon noir. Signé.

H. 0.165. L. 0.135.

850. Portraits d'hommes et de femmes. Sept dessins au crayon noir, à la plume et à la sépia.

Jeune femme en promenade ; Jeune femme en buste ; Mᵐᵉ de Saint-Aubin allaitant son enfant ; Jeune commissionnaire : Portrait de Bernard Chéreau.

SAINT-AUBIN (Augustin de) et GAUCHER.
École française (XVIIIe siècle).

24f

851. Portraits de divers personnages célèbres. Quatorze dessins
au crayon noir.

Frédéric II, Pascal, Gravelot, Saint-Marc, Beaumarchais, Parny, etc.

SAINT-AUBIN (Gabriel de).
École française (1724-1780).

410

852. G. de Saint-Aubin et Rose de Saint-Aubin dessinés par
leur oncle Gabriel. Un garçonnet et une fillette jouant de la
mandoline. Au crayon noir lavé d'encre de Chine.

H. 0.180. L. 0.120.

2000 ,,

853. PORTRAIT DE JEUNE FEMME vue de face, des fleurs au
corsage, un ruban autour du cou. Aux crayons de couleurs
et au pastel sur vélin.

Très joli dessin provenant de la collection de Jean GIGOUX.
H. 0.150. L. 0.120.

48f

854. Portrait de femme vue de profil, la tête couverte d'un
bonnet de lingerie. Au crayon, au bistre et à la sanguine.
Signé et daté 1770.

De forme ovale. H. 0.160. L. 0.145.

60f

855. Portrait du comte d'Artois prenant la main de son enfant
tout nu, qui lui est présenté par sa femme. A la pierre
d'Italie. Signé et daté 1776.

H. 0.165. L. 0.105.

32f

856. Portrait de Soufflot assis sur une pierre. Dans le fond le
Panthéon. Au crayon noir et au bistre. Signé et daté 1776.

H. 0.175. L. 0.150.

140

857. Portrait de Augustin de Saint-Aubin vu de dos, assis sur
un fauteuil et peignant. Au crayon noir.

H. 0.165. L. 0.110.

2o/

858. Portrait de Madame de Honancourt et de trois jeunes filles de Saint-Cyr près Versailles. Au crayon noir. Signé.

H. 0.165. L. 0.155.

82

859. Portrait de Madame Nicolaï, demeurant rue Culture Sainte-Catherine à Paris. Au crayon noir. Signé G. D. S. A. et daté 1778.

H. 0.195. L. 0.125.

/6/

860. Portrait de jeune femme en buste, les seins découverts. Sur la même feuille, une jeune fille, vue de dos, dans trois positions différentes. A la mine de plomb.

H. 0.170. L. 0.220.

460

861. Réunion de six têtes d'hommes, de femmes, d'enfants, au milieu desquels se trouve une femme qui allaite son enfant. A la pierre d'Italie avec reprises à l'aquarelle et à l'encre de Chine.

Charmant croquis. Au vᵉ : Groupe de femmes dans un parc, à l'aquarelle et à la plume.
H. 0.100. L. 0.135.

70/

862. Portraits d'hommes et de femmes. Cinq dessins au crayon noir et aux crayons de couleur.

Grande duchesse de Russie, Cte d'Esterhazy, etc.

40/

863. L'artiste faisant le portrait de l'évêque de Chartres pendant qu'il dinait avec le comte de Maillebois ; l'artiste est dissimulé derrière un paravent. Au crayon et à l'encre de Chine. Signé et daté 1778.

H. 0.230. L. 0.180.

/60

864. Allégorie en l'honneur de Marie-Thérèse d'Autriche. Au crayon noir, à la plume et à la sépia. Signé et daté 1781.

A. 0.295. L. 0.135.

/00

865. Allégorie en l'honneur de Voltaire. Elle comprend principalement une figure de femme nue, laissant échapper de l'eau d'une urne qu'elle tient dans ses mains. Sur un fronton la tête de Voltaire. A l'aquarelle et à la gouache. Daté 1778.

H. 0.200. L. 0.130.

14.20

866. La France accueille une princesse de la maison de Savoie, assise dans un char traîné par quatre chevaux conduits par des amours. Au crayon noir. Signé et daté 1768.

H. 0.100. L. 0.175.

2050

867. ADRESSE DE PÉRIER, marchand quincaillier. A la plume avec rehauts d'encre de Chine et de sépia. Signé G. D. S. A.

A été gravé par l'artiste lui-même.
H. 0.120. L. 0.175.

4000 „

868. L'ACADÉMIE PARTICULIÈRE. Un peintre dessinant d'après une femme toute nue, couchée sur un divan. Au crayon noir avec des rehauts d'aquarelle. Signé et daté 1776. Encadré.

Un des plus charmants dessins de l'artiste.
H 0.090. L. 0.115.

1200 ‥

869. UNE MASCARADE FAIT IRRUPTION DANS UN SALON BRILLAMMENT ILLUMINÉ ET REMPLI DE SPECTATEURS. A gauche un orchestre. Dans le fond, à travers des colonnades garnies de feuillages, une scène de théâtre dont le rideau abaissé est orné d'un écusson posé sur un autel. Au crayon et à la gouache. Signé des initiales de l'artiste. Encadré.

Une des plus charmantes gouaches de *Gabriel de Saint-Aubin*.
H. 0.185. L. 0.250.

900

870. FÊTE NAUTIQUE nocturne dans la cour, avec colonnades, d'un superbe palais. A l'aquarelle avec rehauts de gouache.

H. 0.165. L. 0.225.

120

871. Frontispice d'Aeglé, opéra de M. de La Garde composé d'un cartouche, de deux amours, dont un joue du clavecin et de divers instruments de musique. Au crayon noir et à l'aquarelle. Signé et daté 1752. Encadré.

H. 0.285. L. 0.220.

200

872. Baptême du dauphin. Cérémonie dans l'église. A la sanguine. Encadré.

H. 0.300. L. 0.240.

110

873. Vitellius conduit au supplice. A la sanguine et à la pierre d'Italie. Signé.

Gravé dans l'*Abrégé de l'Histoire romaine de l'abbé Millot*.
H. 0.200. L. 0.115.

170

874. Ouverture des Fées rivales, ballet. Les fées, en robes à panier, sont groupées autour d'un roi assis sur son trône. A la plume et à l'encre de Chine.

Au v° trois croquis au crayon et à la plume.
H. 0.205. L. 0.135.

510

875. La Naïade de M. Houdon, vue sous deux aspects différents. Près de la statue une femme lisant. Au crayon noir avec rehauts de pierre d'Italie. Daté 1777.

H. 0.205. L. 0.150.

200

876. Dans un superbe palais antique une femme présente un crâne à un souverain assis sur son trône. Aux crayons de couleurs sur pierre d'Italie. Signé et daté 1778.

H. 0.190. L. 0.120.

67

877. Jeune femme lisant, assise dans la campagne. Au premier plan sont plusieurs moutons. Composition de forme ovale dans un cadre rectangulaire. Au crayon et à l'aquarelle.

H. 0.195. L. 0.150.

155

878. Croquis de tableaux vus dans une exposition. Une quarantaine de tableaux sont ainsi dessinés sur deux feuilles. Au crayon noir et à la pierre d'Italie.

H. 0.165 et 0.190. L. 0.115.

85

879. Le Chevalier Bossu fait mettre en pièces l'idole Manitou. A la plume et à la pierre d'Italie. Signé et daté 1776.

A été gravé pour les *Nouveaux Voyages dans l'Amérique septentrionale.*
H. 0.170. L. 0.100.

205

880. Le Comte d'Estaing, blessé à Savanah, est présenté à Louis XVI par M. de Sartine. Au crayon noir et à la pierre d'Italie.

H. 0.180. L. 0.130.

230

881. Mort de Montcalm. — Mort de Wolf. — Deux dessins au crayon, à la plume et à l'encre de Chine. Signés et datés 1779.

H. 0.130. L. 0.075.

600

882. Trois petites filles sur les marches d'un escalier rustique

sont occupées à dévider des écheveaux. A la plume et au crayon noir. Signé G. de S. A. et daté 1775.

H. 0.190. L. 0.145.

883. Feuille de croquis où l'on voit représenté le dessinateur malade et buvant une tasse de tisane, tout en souriant à une jeune femme assise devant lui, une Vénus accroupie, des croquis de tableaux, une vue d'hôtel, d'escalier, etc. Au crayon, à la plume, à l'aquarelle. Signé à rebours G. d. S. A. et daté 1776.

H. 0.195. L. 0.150.

884. Feuille de croquis où sont représentés un gentilhomme jouant de la vielle; une jeune femme assise vue de profil, une statue, etc. Au crayon. Signé G. d. S. A. daté 1765. Encadré.

H. 0.185. L. 0.115.

885. Croquis et dessins divers. Six dessins à la plume, à l'aquarelle et à l'encre de Chine.

Décoration théâtrale; Atelier d'artistes; le Pardon, croquis pour écran, etc.

886. Scène de jeu dans un café. A travers les vitres on aperçoit l'église Saint-Sulpice. A la pierre d'Italie et au crayon noir, avec rehauts de blanc.

H. 0.195. L. 0.125.

887. Vue d'un château avec perron et jardin devant. On distingue plusieurs personnages. Au crayon, à la sépia et à l'aquarelle. Signé et daté 1779.

H. 0.195. L. 0.130.

888. Arc antique et Jardin avec mur de soutènement en briques avec balustrade. Deux dessins au crayon noir et au lavis d'aquarelle. L'un est signé et l'autre daté 1779.

Au vᵒ d'un des dessins, divers croquis, mascaron, trône, armes royales, etc.
H. 0.185. L. 0.130.

889. Les Filles du monde sont rasées et envoyées à l'hôpital. Au crayon noir. Signé G. S. et daté 1779.

H. 0.175. L. 0.125.

890. Le Baquet de Mesmer. A la plume et à la sanguine.

H. 0.120. L. 0.180.
Au vᵒ croquis à la sanguine.

891. La Fille et le « malotru » assis sur un canapé. Croquis pour la fable de La Fontaine. A la plume et au crayon noir.

H. 0.205. L. 0.130.

892. Dessins divers. Six dessins à la plume, au crayon noir et à la pierre d'Italie.

Jeune homme faisant une déclaration à une jeune fille ; Jeune femme assise, dans le fond la Grange de Longchamps ; Amours et Silène ; Amours jouant aux échecs, etc.

893. Croquis divers. Cinq dessins à la sépia et au crayon noir.

Statues de personnages mythologiques ; Fronton d'édifice ; Dieux du Paganisme.

SAINT-AUBIN (Germain de).
École française (1721-1786).

894. Atelier d'Augustin de Saint-Aubin. Le graveur est assis devant la fenêtre sous son chassis. Près du poêle, un visiteur assis à califourchon sur une chaise, la tête appuyé sur ses mains. A la plume et à la sépia. Signé S. et daté 1774.

De forme ronde. Diam. 0.140.

SCHENAU (J.-E.).
École française (1740-1806).

895. Concert de chambre. Un homme, deux femmes et une jeune fille chantent et jouent de la harpe et de la flûte. A l'aquarelle. Signé et daté 1768. Encadré.

H. 0.360. L. 0.260.

SCHMIDT (G.-F.).
École française (1712-1775).

896. Charles-Antoine Jombert, libraire du Roi. — Marie-Angélique Gueron, épouse de Jombert. Deux dessins aux crayons de couleur. Signés et datés 1743. Encadrés.

De forme ovale. H 0.265. L. 0.230.

SNYDERS (Francs).
École hollandaise (1579-1657).

10

897. Un sanglier attaqué par deux chiens. A la plume et à la sanguine.

H. 0.218. L. 0.258.

SWEBACH-DESFONTAINES.
École française (1769-1823).

12

898. Folard donnant des leçons au comte de Saxe. A l'aquarelle.

A été gravé en couleur par *Moret* en 1790, pour les *Portraits des Grands hommes de France.*
H. 0.120. L. 0.142.

VAN DYCK (d'après).
École flamande (XVII° siècle).

22 „

899. Portraits de don Diego Ph. de Gusman et de Th. Galle. Deux portraits à la sanguine sur la même feuille.

H. 0.160. L. 0.235.

VERNET (Joseph).
École française (1714-1789).

2800 ,.

900. LE PEINTRE ET SA FAMILLE, dont son fils Carle et sa fille Mme Chalgrin, au bord de la mer. Le peintre s'est représenté peignant assis sous de grands arbres. — Dans un parc avec vases, statues, escalier monumental, bassins, etc., sont représentés plusieurs promeneurs, hommes et femmes.

Deux peintures sur toile faisant pendants; la première est signée. Cadres anciens en bois sculpté.

Ces deux toiles proviennent de la collection du marquis d'ESTAMPES.
De forme ovale. H. 0.315. L. 0.260.

VINCENT (André).
École française (1746-1816).

31

901. Portraits charges de peintres et amis de l'auteur. Seize

dessins au crayon noir et à la sanguine. En un vol. in-fol., demi-rel. mar. brun.

A la suite un dessin du même artiste : Projet de monument funèbre.

VINCI (Léonard de).

École italienne (1452-1519).

902. Plusieurs hommes lèvent une pierre à l'aide d'un cabestan. A la plume. Signé.

Au vᵉ modèle d'un chariot avec roues engrenées.
De la collection V. Denon.
H. 0.095. L. 0.130.

WATTEAU (Antoine).

École française (1684-1721).

903. Acteur en costume de paysan, avec rubans à son bonnet. Aux crayons de couleur.

Collection du chevalier de Damery.
H. 0.235. L. 0.110.

WILLE (P.-A.).

École française (1748-1815).

904. Portrait de Madame G.-P. Alau, femme de P.-A. Wille dessiné par son mary en 1786. Aux crayons de couleur. Signé et daté.

H. 0.230. L. 0.200.

WOUWERMANS (Paul).

École hollandaise (1620-1668).

905. Dix dessins divers. Au crayon noir, à la sanguine et à la sépia.

Marché aux chevaux. — Halte au cabaret. — Études de chevaux.

VENTE DE M. H. DESTAILLEUR

(19-23 Mai 1896).

SUPPLÉMENT :

ÉCOLE FRANÇAISE.

(*XVII*e *Siècle*).

605bis. Deux grandes vues de Paris au milieu du XVIIe siècle.
Dans l'une, prise du terre-plein du Pont-Neuf, on aperçoit
sur la rive droite de la Seine, le Palais-Bourbon, le Louvre,
les Tuileries, la Tour du bois, la Porte de la Conférence et
sur la rive gauche, l'hôtel de Nevers et la tour de Nesle ;
dans le fond le pont Barbier. Dans l'autre, prise du pont
Barbier, sont représentés le Louvre, la Cité et le Quai
Malaquais. Deux peintures sur toile. Encadrées.

H. 0.600. L. 1.050.

(Sera vendu le Jeudi 21 Mai).

INGRES (J. A. D.)

797bis. Portrait de Madame Madeleine Ingres, née Chapelle.
Le maître s'est représenté à côté de sa femme, à gauche,
au second plan. A la mine de plomb. Signé et daté 1830.
Encadré.

On lit au dessous de la signature : *A ses bons amis Taurel.*
H. 0.180. L. 0.125.

(Sera vendu le Vendredi 22 Mai).

JANINET (Fr.).

798bis. Portrait de Marie-Antoinette en buste gravé et imprimé
en couleur. Dans un cadre en bois sculpté.

Belle épreuve collée sur l'encadrement colorié et doré.

(Sera vendu le Vendredi 22 Mai).

Avril 1890	Estampes —	197 598 . ⁵⁶
Avril 1891	Livres rares et — precieux	430 000 . ⁶⁶
Mai 1893.	Dessins originaux —	177 066 . ⁶⁶
Nov. 1894.	Livres et Estampes sur Paris —	56 225 ⁶⁶
Mai 1895	Livres et estampes —	300 000 ⁶⁶
Mai 1896	Dessins —	288 155 ⁶⁶
		1 449 024 ᶠ ⁶⁶

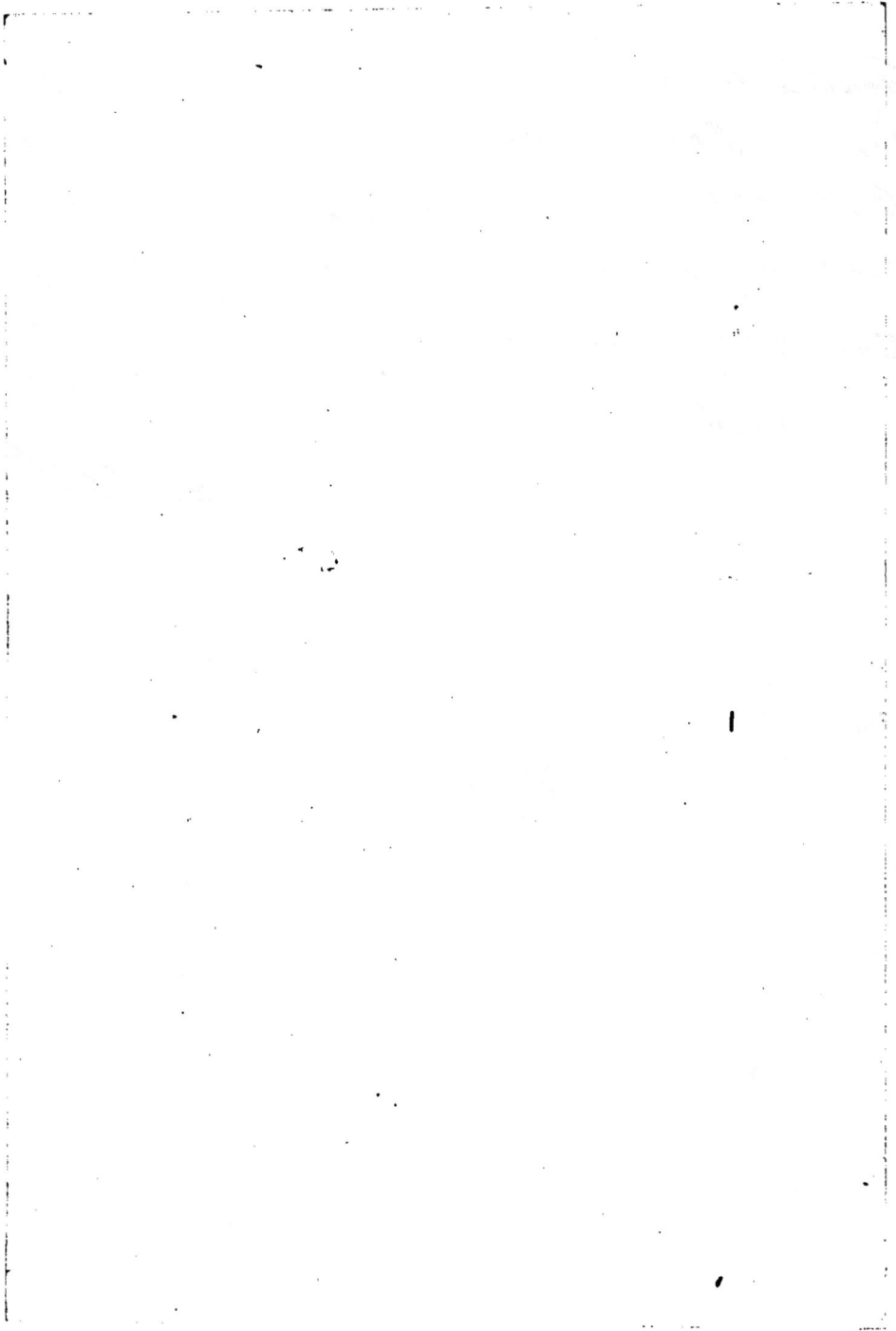

LILLE. IMPRIMERIE L. DANEL.

www.ingramcontent.com/pod-product-compliance
Lightning Source LLC
Chambersburg PA
CBHW071956090426
42740CB00011B/1964